SAND

Dépôt légal : 3e trimestre 2017
ISBN : 978-2-7107-8913-0
Imprimé en juillet 2017, par Rotolito Lombarda, Italie.

WC BOOK

D'après une idée originale de Pascal PETIOT

Responsable éditorial :
Pascal PETIOT

Éditorial :
Nadia IVANOVA

Illustrations originales :
Ah !

Mise en page :
I-Noova

Remerciement au site
www.maviedefemme.com

WC BOOK
2018

Un homme passe le pas de la porte :

« Mon amour, je suis rentré !

– **Ordure !** Ça fait deux ans que tu es parti acheter du pain !

– Oups, le pain… Bon, je reviens. »

CITATIONS

« Qui dit un mensonge en dit cent. »

Proverbe

Un prisonnier se retrouve dans une tour qui possède deux portes. L'une des deux mène à la sortie, l'autre aux oubliettes... Devant chaque porte, un gardien. L'un des gardiens est un fieffé menteur, l'autre dit toujours la vérité. Le prisonnier a le droit de poser une seule question pour s'en sortir.

Quelle est cette question ultime, posée à n'importe quel gardien, au prix de la liberté ?

Réponse :

Le prisonnier doit demander : « Quelle est la porte que m'indiquerait l'autre garde comme porte de sortie ? ». Il lui suffira alors de franchir la porte opposée.

APPRENEZ À ÉCOUTER LES AUTRES

Souvent, nous n'écoutons pas ou mal les autres. Pourtant, c'est la base des relations sociales ! N'interrompez pas vos interlocuteurs et prenez plaisir à écouter ce qu'ils ont à dire, plutôt que d'attendre avec impatience votre tour de parole. Investissez-vous pleinement dans la discussion, ouvrez-vous à d'autres façons de voir les choses... Ensuite, débattez et exposez votre point de vue !

Humour

Au catéchisme, le curé demande à Mario, 8 ans :

« Fais-tu ta prière tous les soirs ?

– Non ! Pas tous les soirs…

– Et ta maman ? Elle ne te montre pas l'exemple ?

– Oh oui ! répond Mario.

– Et alors, qu'est-ce qu'elle dit ?

– Elle dit : "Merci mon Dieu ! Il est enfin au lit !" »

JEUX

SUDOKU

	1				4	3		
9				5		4	7	
		2					8	9
	9							3
4			6	2				
			1		3	7		
2				3				7
6		4			8	1		
	8	1					5	

Solution page 606

LES QUESTIONS À LA CON

- POURQUOI LORSQU'ON CRIE « BANDE DE CONS » DANS LA RUE, TOUT LE MONDE SE RETOURNE ?

- UN TEINTURIER PEUT-IL SE TUER À LA TÂCHE ?

- POUR SUIVRE DES COURS DE DANSE, FAUT-IL Y ALLER AUX HEURES DE POINTE ?

- LES GAUCHERS PASSENT-ILS L'ARME À DROITE ?

Le saviez-vous ?

D'où viennent les attrape-rêves ?

Qu'il nous serve d'objet décoratif ou que l'on y croit fermement, l'attrape-rêves s'est immiscé dans notre culture à la vitesse grand V. Pourtant, beaucoup ignorent son origine. Cet objet trouve racine dans ***le peuple amérindien,*** plus précisément chez les Ojibwés. Chez eux, le capteur de rêves se nomme « Asubakatchin » et est essentiellement ***fabriqué pour les enfants.*** Deux légendes tendent à expliquer l'invention de l'objet sacré : la première raconte l'histoire d'un homme ***parti chasser l'orignal.*** Après avoir pénétré dans une grotte, il se retrouve rapidement face à ***une créature féroce.*** Rentré chez lui, il n'est plus le même homme. Le premier soir et les suivants, ***il a du mal à trouver le sommeil*** et quand il y parvient, il fait d'horribles cauchemars. Une nuit, réveillé par l'un d'eux, il décide d'aller ***marcher dans la forêt,*** avant de se poser sous un arbre, où il finit par s'endormir. Au réveil, il réalise qu'il a très bien dormi pour la première fois depuis sa rencontre avec la créature. En levant les yeux, il aperçoit ***une toile d'araignée sur laquelle perle la rosée.*** Une fois l'histoire rapportée à son peuple, elle resta dans la tradition orale, jusqu'à ce que chacun adopte la même technique : fabriquer ***une fausse toile d'araignée*** sertie de perles qui imitent la rosée du matin !

Le saviez-vous ?

La seconde légende touche au domaine du ***spirituel.*** Un jour, un chef sioux eut une vision au sommet d'une montagne sacrée : Iktomi, ***l'esprit du Grand Farceur,*** se serait manifesté sous la forme d'une araignée, tissant sa toile ***autour de son couvre-chef,*** qui était serti de plumes et de perles. Lorsque Iktomi lui rendit son chapeau, l'esprit lui expliqua que l'objet magique devait ***toujours avoir un cercle en son milieu.*** Destiné à filtrer les forces négatives, il aspire par ce trou ***tous les cauchemars et mauvaises ondes,*** mais retient les forces positives et sert de guide. Il se raconte même que l'attrape-rêves connaîtrait l'avenir de celui qui le possède !

CITATIONS

« Si vous ne pouvez expliquer un concept à un enfant de six ans, c'est que vous ne le comprenez pas complètement. »

Albert Einstein

LE CHAT QUI FAIT LE TOUR DU MONDE !

Liz Clark est une **AVENTURIÈRE DANS L'ÂME :** partie seule de Californie en 2006 à bord de son bateau, elle parcourt les océans du monde entier. Seule, elle ne l'est plus tout à fait. Un jour de 2013, elle découvre **UN PETIT CHAT AFFAMÉ** et en très mauvaise santé. Selon ses propres dires, elle a décelé immédiatement un **CERTAIN GOÛT DE L'AVENTURE CHEZ CE FÉLIN.** Elle n'hésite d'ailleurs pas à le qualifier d'âme sœur ! Recueilli, nourri et soigné, Amelia le Tropicat l'accompagne désormais dans ce tour du monde. Sur son compte Instagram, **ELLE PUBLIE RÉGULIÈREMENT DES PHOTOS** de son compagnon de voyage. Tantôt sur un transat se relaxant, tantôt fixant les vagues tel un philosophe... Après avoir frôlé la mort, **AMELIA LE TROPICAT PROFITE DE TOUS LES PLAISIRS** de la vie de pirate ! Plus de 75 000 personnes suivent les frasques de Liz Clark et son compagnon de chat sur Instagram.

Ce que j'aime dans le clip de Madonna, c'est le son.

CE QUE J'AIME DANS LE SLIP DE MADONNA, C'EST LE CON.

PUTAIN, J'AI UNE COUILLE QUI GRATTE !
HA ! HA !
HA ! HA ! HA ! HA ! HA ! HA ! HA ! HA !

JEUX

MOTS CROISÉS

Horizontalement

1 - Appareil de grillade - Impôt
2 - Femme qui rit - Arrêt
3 - Organisation non gouvernementale - Association de protection animale - Ruisselet - Constante d'Archimède
4 - Présumé - Roche sédimentaire pour le feu
5 - Mot de liaison - Pantalon en denim - Artère
6 - Erratum au pluriel - Habitations russes en bois
7 - Instrument en forme de T - Songe - Pourri
8 - Transport express régional - Chipolatas
9 - Logiciel communiquant avec un téléphone allumé - Élevées en haut du mât

Verticalement

I - Petite broche à cuire
II - Haut de cuisse - Crier pour les cerfs
III - Être sur le trône - 17e lettre de l'alphabet grec
IV - Lapé - Personne célèbre
V - Instrument en forme de S - Épreuve
VI - Pied de vigne - Fête tardive
VII - Service gagnant - Exclamation de doute
VIII - Espagne - Détesté - Ancienne unité de mesure de la radioactivité
IX - Donné
X - Pièce aux échecs - Chef
XI - Eau en sanskrit - Charbon brûlant
XII - Pesée
XIII - Pique de la rose - Indice de santé sociale

JEUX

	I	II	III	IV	V	VI	VII	VIII	IX	X	XI	XII	XIII
1									■				
2							■					■	
3				■				■			■		
4						■							
5		■			■					■			
6							■						■
7			■					■					
8				■									
9						■							

Solution page 610

PEOPLERIES

DE QUOI S'EN MORDRE LES DOIGTS

Saviez-vous que le rôle de Rose (interprété par Kate Winslet) dans ***Titanic*** (1997) a d'abord été proposé à Gwyneth Paltrow ? Elle l'a refusé pensant que le film ne serait pas à la hauteur de sa carrière, après son succès dans **Emma, l'entremetteuse** (1996), dont personne ne se souvient…

Ah, ces habitudes...

Savez-vous combien de temps est nécessaire pour qu'une habitude se forme ? C'est Maxwell Maltz, chirurgien plastique des années 1950 qui a remarqué une tendance assez bizarre chez ses patients. Par exemple, il a dénoté qu'après une opération du nez, ses patients mettaient au minimum 21 jours pour commencer à s'y habituer. Pareil pour les patients amputés d'un bras ou d'une jambe qui gardent une sensation de « membre fantôme » durant environ 21 jours. Le médecin s'est penché sur la question de ses propres habitudes et a conclu qu'à lui aussi, il lui fallait au moins 21 jours pour faire disparaître une vieille image mentale et en créer une autre. En 1960, il a publié ses réflexions dans l'ouvrage ***Psycho-Cybernetics,*** best-seller vendu à plus de 30 millions d'exemplaires.

Le WEB du WCB

Optez pour le cobaturage !

Le covoiturage est désormais largement entré dans les mœurs. Mais qui connaît le cobaturage ? Sur le même principe que les trajets automobiles partagés, ce concept permet de **diminuer les frais** des balades en mer ! Le cofondateur a eu cette idée brillante alors que son père, marin, s'est **débarrassé de son bateau :** trop de frais d'entretien et peur de la solitude sur son navire. Le cobaturage était né ! Le but étant de rendre les **sorties en mer** accessibles à tous, à des prix abordables. Les capitaines peuvent s'inscrire gratuitement pour proposer leurs services sur le site, avec un descriptif de leur bateau et la liste des options proposées à bord. De leur côté, les particuliers choisissent **le type de balade** qui les intéresse. Ainsi, certains propriétaires de navire proposent de naviguer quelques jours, d'autres des croisières avec escales tandis que certains préfèrent proposer des sorties de quelques heures ! Et côté bateaux, vous trouverez des petits voiliers, des bateaux à moteur, et même des yachts ! Vous n'aurez plus d'excuses pour garder les pieds sur Terre !

www.cobaturage.fr

L'acné : vous n'êtes pas seul !

L'acné concerne en France **6 millions de personnes.** Parmi les adolescents, **70 %** d'entre eux sont touchés. Chez les garçons, les problèmes de peau ont tendance à arriver à **12 ans,** contre **11 ans** chez les filles. Sur **100 cas** d'acné, on dénombre **25 % d'adultes** de plus de **25 ans.** La consommation quotidienne de sucreries augmente les risques de développer de l'acné par **2,7.** Les personnes stressées voient leurs risques multipliés par **2,5,** et les patients fatigués par **1,4 !** Enfin, parmi les cas d'acné sévère, **50 %** des patients sont aussi atteints au dos en plus du visage. Moralité : dormez bien, mangez équilibré, détendez-vous et là, vous pourrez envisager un suivi médical !

POURQUOI DIT-ON... « CRIER SUR LES TOITS » ?

Cette expression serait ***née à Jérusalem*** bien avant le XVIe siècle, date à laquelle elle est popularisée. Il fut un temps où, dans les villes d'Orient, la plupart des toits étaient en réalité ***des terrasses*** où les gens se retrouvaient pour bavarder avec leurs voisins. C'est par là que ***les informations étaient transmises,*** mais c'est surtout de là que les rumeurs se répandaient. Untel donnait une information à son voisin, qui la transmettait à son tour à un autre voisin, etc. « Crier quelque chose sur les toits » reviendrait ainsi à « raconter quelque chose à tout le monde ». La première mention de cette coutume se trouve ***dans les Évangiles,*** notamment dans celui de Matthieu, qui conseille : « *ce qui vous est dit à l'oreille, prêchez-le sur les toits* ». Et ce qui était une habitude a peu à peu donné naissance à cette expression encore très populaire !

« Je méprise profondément ceux qui aiment marcher en rangs sur une musique : ce ne peut être que par erreur qu'ils ont reçu un cerveau, une moelle épinière leur suffirait amplement. »

Albert Einstein

LES TOPS DU WCB

TOP 10 des poissons qu'il faut arrêter de consommer

À moins de vivre dans une grotte depuis des décennies, vous n'ignorez pas que **certaines espèces animales sont menacées** de disparition, y compris des espèces de poissons. S'il vous est difficile d'arrêter d'en manger, il ne tient qu'à vous de **le consommer de manière responsable.** Voici le Top 10 des poissons à oublier et celui des produits de la mer à (re)découvrir !

10 - Le cabillaud : Si des mesures contre la surpêche en mer Baltique ont été prises, le cabillaud est cependant menacé de disparaître totalement d'ici 2020.

9 - L'anguille : En Europe, la population d'anguilles diminue un peu plus chaque année. En cause, la pollution des eaux et la surpêche.

8 - Le merlu : Entre la surpêche, la pêche de merlus trop jeunes et la dégradation des eaux, ce poisson a connu des heures sombres. S'il semble revenir en force dans nos océans, il faut rester vigilant et arrêter de le surconsommer !

7 - Le thon rouge : Depuis une décennie, les spécialistes constatent une surpêche du thon rouge. Une campagne de l'association WWF est parvenue à stopper l'hémorragie, mais il faut encore éviter au maximum d'en manger.

6 - Le saumon atlantique : Très apprécié, le saumon est un incontournable de nos tables. Cependant, en France et en Atlantique Nord, sa population est sur le déclin.

LES TOPS DU WCB

5 - Le turbot : Il faut éviter celui qui provient de l'Atlantique Nord-Est et privilégier celui d'Europe.

4 - Le flétan de l'Atlantique et du Groenland : Le flétan de l'Atlantique est une espèce menacée d'extinction. On pourra bientôt en dire autant de son cousin du Groenland.

3 - La dorade rose et la dorade sébaste : Privilégiez la dorade grise, dont l'élevage et la pêche sont plutôt bien maîtrisés à l'heure actuelle. La dorade royale se consomme avec modération tandis que la dorade rose et le sébaste sont à bannir dans la mesure du possible.

2 - La sole : Si ce poisson existe encore en quantité, dans certaines régions comme la Gascogne, la population n'a jamais le temps de se reconstituer. Bientôt, il faudra donc surexploiter les autres régions pour satisfaire nos appétits.

1 - Le vivaneau : Les populations ont très peu de chances de se régénérer à cause de la pêche des jeunes poissons. Un animal qu'il faut éviter à tout prix !

JEUX

MOTS MÊLÉS

Corps humain

Saurez-vous retrouver chacun des mots cachés dans ce tableau ?

Les mots peuvent être écrits horizontalement, verticalement, en diagonale ou à l'envers.

Mots à trouver :

1) ABDOMINAUX
2) AISSELLES
3) BARBE
4) BICEPS
5) BOUCHE
6) BRONCHES
7) CANINES
8) CERVEAU
9) COEUR
10) ENTRAILLES
11) FEMUR
12) FESSES
13) FRONT
14) JAMBES
15) NEZ
16) OEIL
17) PIEDS
18) POUCES
19) REINS
20) SPERMATOZOIDES

JEUX

T	F	E	S	S	E	S	D	N	M	Ç	T	E	V	H	Ç	Ç	I
S	K	E	W	E	V	Z	T	L	S	Z	S	T	T	B	F	O	Y
O	E	N	M	F	C	F	Z	H	B	R	E	G	K	O	D	C	L
S	Z	D	A	U	P	U	O	Y	I	N	H	T	Ç	U	Ç	X	W
P	N	Z	I	B	R	K	O	K	C	H	C	Ç	D	C	I	O	X
F	G	X	M	O	D	B	S	P	E	Q	N	O	O	H	P	M	S
H	R	L	P	T	Z	O	G	L	P	O	O	B	D	E	F	E	G
V	U	B	T	V	U	O	M	E	S	Y	R	S	N	E	B	Z	T
B	E	E	A	R	R	A	T	I	E	W	B	E	D	M	Ç	Z	F
D	O	N	S	R	S	R	E	A	N	Z	Z	I	A	E	A	G	X
W	C	T	A	R	B	X	G	V	M	A	W	J	Ç	C	I	X	C
S	I	R	I	S	F	E	R	L	R	R	U	B	I	D	S	P	V
N	X	A	L	K	R	Q	J	Ç	E	E	E	X	T	Z	S	I	Q
I	A	I	U	T	O	T	X	N	L	D	C	P	N	H	E	J	W
E	O	L	C	A	N	I	N	E	S	J	N	R	S	A	L	A	Q
R	J	L	J	Z	T	R	P	G	L	I	E	O	S	F	L	Y	B
C	T	E	O	Q	A	V	O	U	O	Ç	P	R	Y	T	E	J	Z
X	Y	S	C	S	E	I	C	M	U	B	G	J	M	K	S	V	V

Solution page 611

TOP 10 des produits de la mer qui méritent votre attention

Maintenant que vous avez fait le deuil des espèces qu'il faut arrêter de manger, voici quelques idées de produits qu'il serait bon d'envisager à nouveau dans vos assiettes.

10 - Le tacaud : Peu gras, ce poisson oublié de nos menus est idéal pour les périodes de régime.

9 - Le thon listao : Il remplace parfaitement le thon albacore, il est bon marché et très bon !

8 - Le maquereau : Parfait à cuisiner au barbecue, le maquereau rebute parfois pour son goût très prononcé. Le préparer en grillade permet de l'atténuer !

7 - La sardine : Très facile à cuisiner, la sardine peut s'avérer succulente si elle est préparée avec amour ! Possibilité de la servir en grillade comme le maquereau.

6 - Le bar : À la poêle, au four, à la crème ou au vin blanc, ce poisson à la chair fine est délicieux.

LES TOPS DU WCB

5 - La truite : Remplacer le saumon par la truite est une très bonne idée. Cette dernière est très faible en graisse et son goût est souvent plus fin que celui du saumon.

4 - Les algues : Si cette idée peut paraître saugrenue aux yeux de certains, il existe de très nombreuses variétés d'algues qui se cuisinent. Bourrées d'antioxydants, elles sont très bonnes pour la santé. Wakame cru, dulse, nori, kombu... Vous avez le choix !

3 - La raie : Très peu consommée dans nos foyers, la raie est pourtant délicieuse et pas (encore) menacée par la surpêche. Profitez-en !

2 - La coquille Saint-Jacques : Une chair fine et raffinée, une préparation simple, la coquille Saint-Jacques est vraiment parfaite !

1 - La lotte : Très riche en vitamines et en Omega-3, la lotte mérite vraiment d'être servie plus souvent sur nos tables.

Humour

Jean-Michel est assis dans le bureau de son potentiel futur employeur.

« Excusez ma question, mais je suis bien obligé de vous la poser : pourquoi y a-t-il un aussi **gros trou dans votre CV ?**

– J'ai fait de la prison.

– Ah ? Pour quel motif avez-vous été incarcéré ?

– J'ai assassiné la dernière personne qui m'a dit **« Je vous rappelle »** et qui ne l'a pas fait.

– Bravo, vous avez le poste ! »

Les bienfaits incontestables du karaoké

La chaîne franco-allemande Arte a consacré un documentaire sur cette passion qui réunit des millions d'adeptes, le karaoké. En luttant contre la timidité, le manque de confiance et le stress, ce passe-temps est extrêmement apprécié dans le monde entier, spécialement en Corée et au Japon. D'ailleurs, cette activité représente un chiffre d'affaires annuel de 4 milliards d'euros au pays du Soleil Levant ! Ce loisir festif et collectif a été inventé par le Japonais Yūsuke Inoue qui a même reçu en 2004 le prix Ig-Nobel de la paix de l'université de Harvard. Même les politiques, de Barack Obama à Vladimir Poutine, s'y sont mis pour transmettre une image cool et moderne de leur personne.

CITATIONS

« Une demi-vérité est un mensonge complet. »

Anonyme

Additionnez des 8 pour arriver à 1 000 !

Réponse :

8 + 8 + 8 + 88 + 888 = 1 000

EXERCICE SIMPLE POUR DÉTENDRE VOTRE DOS

Debout, posez la plante du pied droit sur une chaise. Placez votre main gauche sur votre genou droit. Tournez l'épaule droite vers l'arrière, en laissant votre colonne vertébrale suivre le mouvement. Expirez profondément, tournez l'épaule un peu plus. Inspirez en revenant à la position normale. Faites le mouvement de l'autre côté. Répétez 3 fois.

JEUX

SUDOKU

				1	3			8
		7		8				
	1						7	
		4					9	
	3				2			
								3
		6						2
		9		7	4			

Solution page 606

Le saviez-vous ?

L'arbre qui pousse à l'envers !

Les baobabs comptent parmi ***les arbres les plus résistants*** au monde. Certains spécimens atteignent aujourd'hui les ***2 000 ans !*** Dépourvue de feuilles durant 10 mois de l'année, cette espèce est dotée d'un tronc d'une circonférence énorme avec un creux à l'intérieur. Des chercheurs roumains se sont lancés dans l'étude de cet arbre magnifique pour en ***percer les mystères.*** Et leur découverte a été des plus surprenantes ! Comme vous le savez sans doute, il est possible d'estimer l'âge d'un arbre en comptant les cercles de son tronc. Ordinairement, ils grandissent de l'intérieur vers l'extérieur : les cercles au bord du tronc sont donc les plus jeunes. Pour le baobab, c'est l'inverse qui se produit ! Plus on se rapproche du centre du tronc, plus le bois est récent. Cette croissance inversée expliquerait pourquoi le baobab vit plus longtemps que ses confrères.

LES QUESTIONS À LA CON

- SAVEZ-VOUS QUE LE SEUL HOMME QUI EST MORT POUR AVOIR FAIT UN TROU DANS SON PANTALON ÉTAIT SCAPHANDRIER ?

- LE MONDE SERAIT-IL MEILLEUR POUR LES ENFANTS SI LES PARENTS ÉTAIENT FORCÉS DE MANGER DES ÉPINARDS ?

- EST-CE QU'UNE PERSONNE ATTEINTE À LA FOIS DE LA MALADIE D'ALZHEIMER ET DE LA MALADIE DE PARKINSON PEUT OUBLIER DE TREMBLER ?

- POURQUOI LES COMÉDIENS PUBLIENT-ILS GÉNÉRALEMENT LEURS MÉMOIRES À UN ÂGE OÙ ILS N'EN ONT PLUS BEAUCOUP ?

Nos bonnes Applis

« J'veux du soleil, j'veux du soleil ! »

Trouver sa place au soleil, voilà un problème qui peut toucher n'importe qui dès l'arrivée des beaux jours ! Entre **les terrasses prises d'assaut** et celles que le soleil semble ignorer dédaigneusement, on le sait, **organiser un apéro au soleil** peut devenir digne d'une épreuve au concours d'entrée de l'ENA. Rassurez-vous, le WC Book a trouvé l'antisèche pour réussir ! Dites-vous surtout que, si ça se trouve, cette petite table à l'ombre sera **baignée de soleil d'ici à peine une demi-heure !** Mais comment en être certain ? Sunny Chairs vous le dira. Cette application recense, depuis 2014, les terrasses de Paris, avec leurs horaires d'ensoleillement. Que les provinciaux attendent avant de râler... Non, la France ne se résume pas à Paris ! C'est bien pour ça que, depuis sa mise en place, Sunny Chairs a **ouvert ses services aux villes d'Avignon, Bordeaux, Nantes, Montpellier, Nîmes, Strasbourg et Rennes** pour l'Hexagone, mais aussi New York et Amsterdam pour l'étranger ! Grâce à la géolocalisation, Sunny Chairs vous annonce la distance qui vous sépare de la terrasse ensoleillée la plus proche. **Chaque établissement est classé** par catégorie, pour que vous sachiez à quelle ambiance vous attendre avant de vous ruer vers l'établissement le plus proche. Maintenant, on attend l'application qui, un peu comme pour les parkings, annoncera le nombre de places restantes sur les terrasses au soleil les plus proches. Ça ne fait pas de mal de rêver !

Sunny Chairs - Gratuit
Disponible sur iPhone, iPad & iPod Touch

IL PASSE DIX JOURS DANS UN AÉROPORT PAR AMOUR !

Alexander Pieter Cirk, un Néerlandais de 41 ans, se souviendra toute sa vie de son voyage en Chine. **VENU REJOINDRE ZHANG,** une jeune femme avec qui il discutait sur Internet depuis deux mois, il est surpris de **NE PAS LA TROUVER À L'AÉROPORT.** Pourtant, quelques jours plus tôt, il lui a envoyé une photo des billets d'avion… Le téléphone de sa moitié virtuelle est éteint, elle ne donne aucune nouvelle, mais Alexander ne désespère pas. Pour lui, il est **IMPOSSIBLE QU'ELLE LUI AIT POSÉ UN LAPIN !** Il l'attendra le temps qu'il faut ! Ce n'est que dix jours plus tard, alors qu'**IL ATTEND TOUJOURS SA BELLE** dans le terminal, que les choses bougent. Zhang n'apparaît toujours pas, mais **LES SECOURS SONT OBLIGÉS D'INTERVENIR :** Alexander est mal en point et doit être hospitalisé pour épuisement. L'histoire fait la une des médias et maintenant, le monde entier est au courant : Zhang avait éteint son téléphone parce qu'elle subissait une **OPÉRATION DE CHIRURGIE ESTHÉTIQUE.** Quant à la photo des billets d'avion, elle a toujours cru que **C'ÉTAIT UNE BLAGUE !** Elle souhaite continuer leur relation, bien qu'Alexander soit, entre-temps, rentré aux Pays-Bas. Le prochain rendez-vous sera peut-être le bon…

HARCÈLEMENT ?
NON, SCIATIQUE !

« Qui a la même vision du monde à vingt ans qu'à cinquante a perdu trente ans de sa vie. »

Mohamed Ali

PEOPLERIES

ZAC EFRON, CONDAMNÉ AU CÉLIBAT ?

L'acteur Zac Efron est **le fantasme** de nombreuses personnes. Beau, jeune, riche et drôle, il a tout pour plaire. Alors, **comment expliquer le bide total** de son profil Tinder ? C'est bien simple : c'est **tellement incroyable** que Zac Efron soit célibataire ET sur Tinder, que les femmes pensaient toutes qu'il s'agissait d'un faux profil ! Du coup, le pauvre, **la queue entre les jambes,** a désinstallé l'application et attend toujours l'amour.

Humour

C'est un pauvre pêcheur qui arrive devant Dieu et qui lui demande :

« Dieu, c'est quoi, pour toi, l'éternité ?

– Pfff… L'éternité, pour moi, c'est une seconde.

– Dieu, c'est quoi pour toi un million d'euros ?

– Pfff… Pour moi, c'est un euro.

– Houlala ! Dieu, t'as pas un euro ?

– Attends une seconde. »

JEUX

MOTS CROISÉS

Horizontalement

1 - Jeune femme de Tahiti - Pantalons courts pour l'été
2 - Pierre précieuse - Sert à l'oreiller
3 - Rigolé - Remplace le « nous » - Lumières pendant l'orage
4 - Mer du Sud
5 - Déesse égyptienne - Direction - La tienne
6 - Empégué - Tante en langage familier - Catégorie socioprofessionnelle
7 - Attaché - Perturbé
8 - Déchiffrage d'un texte - Perlé
9 - Baltes - Différent

Verticalement

I - Rouge éclatant, au féminin
II - Camarade - Destinées
III - Hélium - Droit
IV - Entre l'Atlantique et la Manche - Règle d'architecte
V - Aisé - Dettes
VI - Europe - Exercer une action en justice
VII - « Le » en allemand - Surfaces agricoles
VIII - Discrète
IX - Plat italien
X - Supprimant - Étendue d'eau douce ou salée
XI - Animal marin - Cela
XII - Servent à unir deux mots - Dieu égyptien
XIII - Les siens - Cri

JEUX

	I	II	III	IV	V	VI	VII	VIII	IX	X	XI	XII	XIII
1							■						
2									■				
3			■			■							
4													■
5		■					■				■		
6					■					■			
7				■								■	
8								■					
9						■							

Solution page 610

Le WEB du WCB

Et si vous achetiez la même chose en mieux ?

En 2014, à Bordeaux, est né un concept qui risque de changer votre manière de consommer. Le site *Le Même en Mieux* vous offre, grâce à des partenariats de vente en ligne, la possibilité d'acheter **la même chose mais de façon plus éthique.** Cette simple extension à ajouter à votre moteur de recherche vous permet aussi, par la même occasion, de **faire des économies.** Pour l'instant, le principe s'applique aux livres, aux billets de train et aux hébergements, mais les Bordelais ont bien l'intention de diversifier leur offre. Le projet est né d'un constat simple : **le manque de temps** nous empêche de trier les milliers d'offres faites sur le Net. Résultat, dès que l'une d'elles nous paraît convenable au niveau du prix, on clique ! *Le Même en Mieux* se propose donc de **faire le tri pour vous.** Et le fonctionnement est très simple. Une fois l'extension gratuite installée, rendez-vous sur un site de commerce et **choisissez un article.** Si une meilleure alternative existe pour ce même article, *Le Même en Mieux* vous le signale immédiatement ! Ce concept soutient les commerces de proximité. Si vous voulez acheter un livre, l'extension vous orientera vers **une librairie locale** plutôt que vers une grande enseigne. Concernant la vente de billets de train, *Le Même en Mieux* est en partenariat avec des **sites d'achat et de revente de billets.** Ainsi, vous pourrez trouver des trajets jusqu'à 75 % moins chers !

www.lmem.net

Un gendarme arrête Bob sur une moto trop bruyante :

« Votre silencieux fait trop de bruit !

– Mon silencieux trop de bruit ? Mais c'est un paradoxe !

– Peu importe la marque. Il fait du bruit… »

CITATIONS

« Les bébés
et les chiens sont les
meilleurs acteurs
de cinéma. »

Charlie Chaplin

TOP 10 des chansons qui rendent heureux selon la science...

Le chercheur en neurosciences Jacob Jolij s'est penché sur la question du bonheur procuré par la musique. Et la conclusion de son enquête se présente sous la forme d'un **TOP 10 des chansons qui rendent le plus heureux !** Pour lui, il y a trois critères à prendre en compte pour qu'un morceau musical procure de la joie : **le tempo** doit être au minimum de 150 battements par minute, le compositeur doit utiliser **des notes en mode majeur** et, bien sûr, **les paroles** doivent être positives. Voici donc la *playlist* des 10 chansons à écouter pour être heureux :

10 - *Walking on Sunshine* de Katrina & The Waves (1983)
9 - *I Will Survive* de Gloria Gaynor (1978)
8 - *Livin' on a Prayer* de Bon Jovi (1986)
7 - *Girls Just Want to Have Fun* de Cyndi Lauper (1983)
6 - *I'm a Believer* de The Monkees (1967)
5 - *Eye of the Tiger* de Survivor (1982)
4 - *Uptown Girl* de Billy Joel (1983)
3 - *Good Vibrations* de The Beach Boys (1966)
2 - *Dancing Queen* de Abba (1976)
1 - *Don't Stop Me Now* de Queen (1978)

Comment survivre à une canicule

L'été arrive et les températures grimpent… tout comme *le prix des ventilateurs et autres brumisateurs* ! Voici quelques astuces pour se rafraîchir quand on n'a pas de climatisation ou de dispositifs technologiques chez soi.

- *Faites sécher votre linge à l'intérieur* : si vous avez assez de place, étendez votre linge chez vous. Une partie de la chaleur sera absorbée par l'évaporation de votre linge mouillé.
- *Apprenez à connaître les parties stratégiques de votre corps* : certaines zones corporelles sont plus sensibles que d'autres à la fraîcheur et la redistribuent mieux. Ainsi, un tissu humide sur votre cou, votre front ou vos poignets sera très efficace pour rafraîchir l'ensemble de votre corps !
- *Osez le drap humide en guise de déco* : suspendez un drap humide dans l'encadrement d'une fenêtre ouverte et vous verrez que l'air vous arrivera bien plus frais.
- *Faites le ménage* : alors oui, passer la serpillière, ça fait transpirer. Mais une fois le sol mouillé, l'effet de l'évaporation se fera très vite sentir.

Trucs et Astuces

– *Mettez des vêtements au réfrigérateur :* ça peut paraître absurde, mais un tee-shirt qui a passé quelques minutes au frais avant d'être enfilé procure un bien fou ! De même, le soir, quelques minutes avant de vous coucher, rafraîchissez vos draps et votre oreiller.

– *Investissez dans les plantes :* à long terme, les plantes dégagent de l'humidité qui absorbe de la chaleur. Si vous n'avez pas la main verte, pas de panique, certaines espèces de végétaux ne demandent que très peu d'entretien !

– *Débranchez tout :* ça n'a l'air de rien, mais les appareils électriques branchés dégagent de la chaleur.

– *Buvez un thé bien chaud :* vous avez bien lu ! Boire une tasse de thé chaud en cas de canicule permet de transpirer, donc d'éliminer de la chaleur. À votre avis, pourquoi les Bédouins dans le désert boivent du thé et pas de la limonade ?

CITATIONS

« Le tact :
une aptitude au
mensonge. »

Aurélien Scholl

Kézaco les bars-tabacs « Le Balto » ?

De nombreux bars-tabac français portent ce nom curieux. Mais pourquoi ? Durant la période des années 1950 à 1970, la SEITA (Société d'exploitation industrielle des tabacs et des allumettes) proposait une aide financière aux bars-tabac en difficulté. En échange, elle imposait aux établissements en question de prendre le nom d'une marque de cigarettes. Ainsi, nombre d'entre eux ont décidé de faire de la pub à la marque Balto (tabac blond d'origine américaine ayant pour emblème un navire à voile et dont le nom faisait référence à la ville de Baltimore). Celle-ci a aujourd'hui disparu, mais son nom a survécu.

Énigmes

Un magicien présente son dernier tour de magie : il doit deviner une carte tirée dans un jeu de 32 cartes par une des personnes prise au hasard dans le public.

Pour cela, le magicien lui pose quelques questions :

« Est-ce que la carte a un numéro ?

– Oui.

– Est-ce une carte paire ?

– Oui.

– Est-ce qu'elle a le chiffre 8 ?

– Non.

– Est-ce une carte noire ?

– Oui.

– Est-ce un trèfle ?

– Non. »

Quelle est donc la carte tirée ?

Réponse :

1. Le jeu de 32 cartes ne comporte pas de cartes aux nombres 2, 3, 4, 5 et 6.
2. Un nombre pair qui n'est pas le 8, c'est le 10.
3. Une carte noire qui n'est pas un trèfle est forcément un pique.

Il s'agit donc du 10 de pique !

DES SELS DE BAIN CONTRE LE RHUME

Versez dans un bol 250 grammes de sel de Guérande et 3 cuillères à soupe de lait en poudre. Remuez. Mélangez dans un autre récipient 15 millilitres d'huile d'olive, 5 gouttes d'huile essentielle de pin sylvestre, 5 gouttes d'huile essentielle de thym et 5 gouttes d'huile essentielle d'eucalyptus *radiata.* Ajoutez le mélange à la préparation sel et lait. Remuez. Ces sels de bain aident à dégager les voies respiratoires.

JEUX

SUDOKU

7	9					8	1	
		8						9
4	3					7	5	
	2	4	1	8		9		7
					7			
	6		3	9		4		
					9			
	7		8	4		1		
	5	3	2	7		6		4

Solution page 606

« La célébrité,
c'est comme un costume.
Si on fait une tache, le
costume est foutu, mais
il y a toujours le même
mec à l'intérieur. »

Christophe Lambert

LES QUESTIONS À LA CON

- UN HOMME COURTOIS DOIT-IL, AVANT D'ENTRER DANS LA MORT, FAIRE PASSER SA FEMME AVANT LUI ?

- HEY, LES AMOUREUX !!! AVEZ-VOUS REMARQUÉ QUE LE MOT « IDYLLE » COMMENCE COMME « IDIOT » ET FINIT COMME « IMBÉCILE » ?

- LA BANQUE EST BIEN L'ENDROIT OÙ L'ON VOUS PRÊTE DE L'ARGENT SI VOUS PARVENEZ À PROUVER QUE VOUS N'EN AVEZ PAS BESOIN ?

- LES MIROIRS NE FERAIENT-ILS PAS MIEUX DE RÉFLÉCHIR UN PEU PLUS AVANT DE RENVOYER LES IMAGES ?

Un « vigilotest » pour rouler en sécurité

Alors que les différentes applications gadgets se multiplient et bénéficient d'une exposition médiatique, certaines, plus utiles, restent dans l'ombre. Il en va ainsi de **Roulez éveillé,** une application imaginée par l'entreprise Vinci Autoroutes. Elle permet de **tester son niveau d'éveil** avant de prendre le volant. Les résultats du test vous donnent **une idée de votre réactivité et évaluent votre capacité à conduire.** L'utilisateur qui est jugé fatigué accède ensuite à des fiches pratiques rédigées par l'INSV (Institut national du sommeil et de la vigilance), qui le renseignent sur les bonnes attitudes à adopter afin de favoriser un sommeil réparateur. En conservant **l'historique des résultats,** vous pourrez, à long terme, **analyser vos périodes d'éveil** et vos périodes de fatigue. Vous saurez que certains moments du jour et de la nuit sont plus conseillés que d'autres pour prendre la route. Ainsi, avant d'effectuer un long trajet, vous pourrez **choisir votre heure de départ en conséquence !**

Roulez éveillé – Gratuit
Disponible sur iPhone, iPad & iPod Touch

CITATIONS

« C'est qu'au fond,
il n'y a qu'une seule
race : l'humanité. »

Jean Jaurès

POSITION
DE SÉCURITÉ !

JEUX

MOTS CROISÉS

Horizontalement

1 - Fainéantise - Elle fait des dégâts sur le zinc
2 - Confidence - Un des jours de la semaine
3 - Gazouillé - Langue morte
4 - Poissons migrateurs fins - Lever du jour
5 - Complément d'objet direct - Là - À nous
6 - Chiffre romain - La tienne - Petit sommeil reposant
7 - Bien-être - Jamais utilisé
8 - Viande en anglais – L'inverse de recto - Exprime le dégoût
9 - Souhaiter - Dupé

Verticalement

I - Capitulation
II - Incontournable des petites annonces - Fonds
III - Tranquillité - Style de musique
IV - Sans habits - Crâne
V - Fruit du pacanier
VI - Diffusée - Fleur jaune
VII - Éclose - Reine-marguerite
VIII - Petit tour - Celui qui conduit les ânes
IX - Permet aux bateaux de franchir des dénivellations - La sienne
X - En plus - Prétentieux
XI - Relâchement
XII - Contrat à long terme - Embryons
XIII - Les plus âgés - Fédération internationale d'escrime

JEUX

	I	II	III	IV	V	VI	VII	VIII	IX	X	XI	XII	XIII
1										■			
2					■								
3		■						■					
4							■					■	
5				■						■			
6			■			■							■
7									■				
8					■						■		
9								■					

Solution page 610

Il n'y a rien de meilleur que le goût de Mont Blanc.

IL N'Y A RIEN DE MEILLEUR QUE LE BOUT DE MON GLAND.

Humour

Un curé, un médecin et un ingénieur jouent au golf. Ils attendent après un groupe de golfeurs particulièrement lents. Au bout d'un moment, l'ingénieur explose et dit :

« Mais qu'est-ce qu'ils fichent ? Ça fait bien un quart d'heure qu'on attend là !

Le docteur intervient, exaspéré, lui aussi :

– Je ne sais pas, mais je n'ai jamais vu des gens s'y prendre aussi mal…

Le prêtre dit alors :

– Attendez, voilà quelqu'un du golf, on n'a qu'à lui demander.

– Dites-moi, il y a un problème avec le groupe devant nous. Ils sont plutôt lents, non ?

L'employé répond :

– Ah oui, c'est un groupe de pompiers aveugles. Ils ont perdu la vue en tentant de sauver le golf des flammes, l'année dernière. Alors, depuis, on les laisse jouer gratuitement.

Le groupe reste silencieux un moment, et le curé dit :

– C'est si triste, je vais faire une prière pour eux ce soir.

Le médecin ajoute :

– Bonne idée ! Et moi, je vais contacter un copain chercheur en ophtalmologie pour voir ce qu'il peut faire.

À ce moment, l'ingénieur intervient :

– Mais putain ! Pourquoi ils ne jouent pas la nuit ?! »

PEOPLERIES

LE SHOW-BUSINESS, UNE HISTOIRE DE FAMILLE ?

Vous les connaissez tous, mais vous ne savez peut-être pas **qu'ils sont de la même famille !** Voici quelques liens de parenté entre stars que vous ne soupçonniez peut-être pas :

Nicolas Cage et la famille Coppola : L'acteur vu notamment dans *Snake Eyes* et *Lord of War* a pour oncle un certain Francis Ford Coppola. Ce qui fait de lui le cousin de la réalisatrice Sofia Coppola. Une jolie famille bourrée de talents !

Pascal Légitimus et Laurent Voulzy : L'humoriste-acteur-réalisateur Pascal Légitimus et l'interprète de *Belle-Île-en-Mer* sont en fait cousins germains. En janvier 2015, Laurent Voulzy s'est marié avec la journaliste Mirella Lepetit et il avait, bien sûr, invité le célèbre Inconnu !

Patrick Bruel et Élie Semoun : Patrick Bruel n'est autre que le cousin de l'humoriste Élie Semoun. Ce dernier raconte d'ailleurs que sa famille l'a poussé à demander conseil au chanteur lorsqu'il n'était pas encore connu. L'humoriste a pourtant décidé de réussir sans piston et de garder ce lien familial plus ou moins secret.

Luc Besson et Vincent Perez : Le réalisateur du *Lucy* et de *Valérian et la cité des mille planètes* est le beau-frère de l'acteur Vincent Perez ! Les deux hommes se sont mariés avec deux sœurs : Virginie et Karine Silla. C'est d'ailleurs la société de Luc Besson qui a produit le long-métrage *Si j'étais toi* (2007) de Vincent Perez. Vous avez dit « piston » ?

PEOPLERIES

Laura Dern et Ethan Hawke : L'actrice, qui a joué notamment dans *Sailor et Lula* et *Jurassic Park,* est en fait la cousine d'Ethan Hawke, qui est lui-même un descendant du dramaturge Tennessee Williams, du côté paternel.

Jake Gyllenhaal et Peter Sarsgaard : Les deux hommes sont très amis, mais les deux acteurs sont aussi beaux-frères depuis que la sœur de Jake, l'actrice Maggie Gyllenhaal, a épousé Peter en 2009.

Angelina Jolie et John Voight : Avant de devenir l'épouse puis l'ex-femme de Brad Pitt, l'actrice est surtout la fille d'une autre pointure du cinéma, John Voight, héros des cultissimes *Macadam cowboy* (1969) et *Délivrance* (1972).

HollySiz, Vincent Cassel et Rockin' Squat : la chanteuse, connue aussi en tant qu'actrice sous le nom de Cécile Cassel, est la demi-sœur de Vincent (l'acteur) et Mathias (le rappeur et fondateur du groupe Assassin). Tous les trois sont les enfants du comédien Jean-Pierre Cassel.

JEUX

MOTS MÊLÉS

Couleurs

Saurez-vous retrouver chacun des mots cachés dans ce tableau ?

Les mots peuvent être écrits horizontalement, verticalement, en diagonale ou à l'envers.

Mots à trouver :

1) ACAJOU
2) AMBRE
3) AZUR
4) BEIGE
5) BLANC
6) BLEU
7) BORDEAUX
8) BRONZE
9) CACAO
10) CHOCOLAT
11) CORAIL
12) DORE
13) EMERAUDE
14) FUCHSIA
15) GRIS
16) JAUNE
17) NOIR
18) ROUGE
19) VERT
20) VIOLET

JEUX

U	F	U	C	H	S	I	A	N	I	C	B	H	D	K	L	U	X
A	Ç	D	R	H	N	O	I	R	H	Q	A	C	A	J	O	U	N
Q	K	L	A	Z	H	A	Y	K	A	T	A	L	O	C	O	H	C
W	V	K	P	Y	Z	R	M	L	Ç	R	I	F	L	N	W	D	U
Q	T	S	E	M	T	X	F	Z	I	S	S	F	J	A	R	Ç	W
Z	E	S	B	O	A	S	D	B	Y	A	E	E	Ç	L	X	K	D
W	J	B	G	X	M	D	O	X	C	M	R	L	X	B	J	Q	U
D	W	E	R	B	M	A	O	C	E	P	T	O	E	C	A	F	C
D	A	G	S	D	W	A	O	R	J	N	W	L	C	Z	V	D	R
V	A	I	D	D	G	R	A	X	E	F	K	H	N	T	C	Y	W
E	L	E	I	H	T	U	B	O	R	D	E	A	U	X	A	K	X
R	Z	B	L	G	D	Z	J	Z	Ç	P	B	U	J	L	C	X	A
T	D	Q	E	E	G	U	O	R	A	Z	C	L	G	R	A	T	J
Z	R	A	L	Z	F	L	U	Ç	J	H	H	W	E	S	O	T	Q
G	U	N	M	O	N	F	L	Z	A	F	P	C	Y	U	I	Z	U
C	Z	O	D	M	L	O	W	Ç	U	S	Q	N	H	D	O	R	C
M	A	V	N	S	T	L	R	U	N	L	J	V	U	H	I	W	G
C	V	I	O	L	E	T	Y	B	E	B	K	O	W	H	R	D	G

Solution page 611

Le WEB du WCB

Revendez vos nuits d'hôtel à des particuliers !

C'est vendredi soir, vous vous apprêtez à prendre la route pour un petit week-end au grand air et là, sans crier gare, votre patron vous demande de venir le lendemain ! Non content de devoir travailler un samedi, vous devez aussi dire adieu à l'argent qui a servi à **réserver la chambre d'hôtel !** Car, bien sûr, comme la majorité des gens, vous prenez toujours l'offre non remboursable, qui est moins chère... Heureusement, il existe *Trocotel*, un site qui vous propose de **revendre vos nuits d'hôtel** non annulables et non remboursables à d'autres particuliers. C'est légal et séduisant pour nombre de voyageurs contrariés par le destin. Le concept a fait ses preuves aux États-Unis, où **il existe depuis maintenant plusieurs années.** Arrivé chez nous en 2015, *Trocotel* reprend la formule des sites comme *Troc des Trains* pour les billets de train et *Zepass* pour les places de spectacles. Pour revendre une nuit d'hôtel, rien de plus simple : créez un compte, remplissez les critères demandés et fixez un prix. Ce dernier est libre, mais *Trocotel* vous propose un prix indicatif qui permettra aux utilisateurs d'être **intéressés par votre offre.** Car oui, c'est aussi très intéressant pour trouver des séjours moins chers ! Sur chaque nuit d'hôtel, le pourcentage d'économie réalisée est indiqué, afin que vous puissiez **savourer vos vacances au rabais !**

www.trocotel.com

Josette, l'assistante de direction, avertit son patron qui vient d'arriver au bureau :

« Monsieur le directeur, quelqu'un est venu pour vous voir tout à l'heure, et il voulait vous casser la gueule !

– Ah bon ? Et vous lui avez dit quoi ?

– Que vous n'étiez pas là et que j'en étais vraiment désolée ! »

POURQUOI DIT-ON... QUE LES DÉS SONT « PIPÉS » ?

Lorsque quelqu'un dit que les dés sont pipés, cela signifie **qu'ils ont été modifiés.** Une face peut, par exemple, être alourdie pour qu'un certain chiffre tombe plutôt qu'un autre. Cette expression, fréquemment utilisée **dans l'univers du jeu et entrée dans le langage courant,** vient en réalité du domaine de la chasse, au Moyen Âge. À cette époque, la chasse à la pipée évoquait une certaine **technique pour attirer les oiseaux :** elle consistait à souffler dans un instrument, le pipet ou la pipe, équivalent de notre pipeau aujourd'hui, afin **d'imiter le cri des oiseaux.** Les chasseurs bernaient donc leur proie par ce stratagème. Par dérivation, le verbe « piper » est ainsi devenu l'équivalent de « tromper », « tricher ».

Trucs et Astuces

Bien dormir dans un aéroport

Les grands voyageurs le savent : il est bien souvent moins cher de prendre l'avion très tôt le matin ou avec des escales interminables ! Dans le premier cas, on est alors très vite tenté de dormir à l'hôtel près de l'aéroport, ce qui n'est finalement pas très rentable. *Dormez directement dans le terminal !* Voici quelques astuces pour passer la nuit dans un aéroport *dans les meilleures conditions :*

- Équipez-vous d'un duvet, de boules Quies et d'un masque pour vous *isoler des lumières*. Il fait relativement froid dans les aéroports, donc des gants peuvent être utiles !
- *Évitez les lieux trop sombres* et dangereux où vous pourriez vous faire voler vos affaires.
- N'hésitez pas à demander conseil aux agents d'entretien ou aux employés des boutiques : *ils connaissent les moindres recoins* du lieu et pourront vous indiquer les meilleurs « spots » pour dormir !
- Si les agents de sécurité vous tournent autour, n'hésitez pas à *la jouer franc-jeu :* vous n'avez pas les moyens de payer l'hôtel pour une nuit et vous avez un avion très tôt le lendemain. Dans la plupart des cas, les agents vous laisseront dormir en paix ! Vous pouvez cependant anticiper, car *certains aéroports ont des règles très strictes* à ce sujet.

Source : *sleepinginairports.net*

Humour

Kévin vient de faire l'acquisition d'une Porsche toute neuve. Il décide d'aller la montrer dans les rues du centre-ville et en profite pour s'arrêter au bar où sont attablés ses copains. Au moment où il sort de la voiture, un camion passe à toute vitesse et **arrache la portière du bolide.** En rage, Kévin explique au policier comment l'accident s'est déroulé, en jurant de retrouver le chauffard qui lui a abîmé sa voiture. Le policier lui coupe la parole :

« Vous réalisez à quel point **vous êtes matérialiste ?**

– Matérialiste ? Vous savez combien de temps j'ai travaillé pour me payer cette voiture ?!

– Je ne voulais pas vous offenser, mais quand même, vous n'avez pas réalisé qu'il vous a aussi **arraché l'avant-bras au passage ?**

– Quoi ? Et en plus j'ai perdu ma nouvelle Rolex ?! »

« Nulle raison ne pourrait justifier le mensonge. »

Anton Tchekhov

Énigmes

Dans un bar, un père et une mère, un fils et une fille, un frère et une sœur, un cousin et une cousine, et un oncle et une tante ont commandé chacun un jus d'orange. Le serveur leur apporte quatre verres et pourtant chacun est servi.

Comment est-ce possible ?

Réponse :

Les clients de ce bar sont un homme et sa sœur, accompagnés de leurs enfants respectifs, une fille et un garçon.

Une femme demande à sa collègue du bureau :

« Alors… raconte-moi. Qu'est-ce que ton mari t'a dit pour sa voiture que tu as emboutie hier ?

– Sans compter les insultes ?

– Oui…

– Pas un mot ! »

BÂILLEZ POUR EN FINIR AVEC LE STRESS !

Le bâillement est un réflexe respiratoire qui se produit lorsque nous avons sommeil ou lorsque nous nous ennuyons. Mais c'est surtout un formidable outil anti-stress, très utilisé dans les exercices de yoga. Bâiller apporte en effet calme et détente et permet de se relaxer. Ne vous retenez plus et, mieux, apprenez à bâiller sur commande : inspirez profondément, ouvrez la bouche en grand et laissez monter le bâillement.

SUDOKU

				6		8	3	
3		9	4					
8					3		5	
		7		2			9	
1			8		9			7
	4			3		5		
	9		6					5
					1	6		2
	2	1		7				

Solution page 606

Le saviez-vous ?

Par amour, il a refusé de faire le salut nazi

Le nom d'August Landmesser ne vous est sans doute pas encore familier, et pourtant, c'est un ***héros romantique.*** En 1931, ce jeune Allemand rejoint le parti nazi en espérant obtenir une meilleure situation professionnelle. Cette année-là, le parti national-socialiste des travailleurs allemands n'est pas encore le seul autorisé dans le pays. Deux ans plus tard, il est déclaré parti unique. C'est aussi à cette période qu'***August Landmesser tombe amoureux.*** Elle s'appelle Irma Eckler, et elle est juive. Après avoir épousé la jeune femme, August est expulsé du parti. Qu'importe, ce qu'il veut, c'est vivre heureux avec sa moitié, avec laquelle il aura deux enfants. Moins d'un an après la naissance du second, Hitler est en visite au port de Hambourg (où travaille Landmesser) pour ***inaugurer un navire, le 13 juin 1936.*** Une foule immense est là pour prêter allégeance au dirigeant politique. ***Une célèbre photographie immortalise l'instant.*** Arrêté et emprisonné en 1938, August est ***condamné à 30 mois de travaux forcés.*** Irma mourra, quant à elle, en camp de concentration. Leurs deux petites filles ont survécu, envoyées en orphelinat. C'est d'ailleurs l'une d'elles qui, des années plus tard, a ***reconnu son papa sur la photo*** de l'inauguration navale, parue dans un journal allemand. Tandis que tout le monde effectue le salut nazi obligatoire, on y voit son père qui, les bras croisés, est le seul à s'y refuser, ***en signe d'amour et de protestation !*** Aujourd'hui, l'existence de cette photographie a fait entrer August Landmesser dans l'histoire : il est celui qui a refusé le salut nazi face à Hitler par amour.

« Parce que le milliardaire n'a pas récolté sans peine, il s'imagine qu'il a semé. »

Jean Jaurès

Nos bonnes Applis

L'éco-conduite, ça marche !

Rouler écolo sans pour autant monter sur un vélo ? L'application Geco constitue **un bon début pour réduire son impact** sur l'environnement ! Elle vous aide, au jour le jour, à adopter une **conduite urbaine écologique,** sans réduire votre temps de trajet. Geco fait office de guide pour **diminuer votre consommation de carburant** tout en rendant le défi amusant : son algorithme analyse précisément votre conduite et la compare à la conduite idéale. Il vous donne des pistes d'amélioration pour le trajet suivant et vous attribue des points si vous suivez ces conseils à la lettre ! Suivez vos progrès de manière régulière et participez à la préservation de la planète. Autre avantage non négligeable : diminuer sa consommation de carburant **permet aussi de faire des économies !**

Geco - Gratuit
Disponible sur iPhone, iPad & iPod Touch

UNE VAGUE INEXPLICABLE DE JUMEAUX EN ÉCOSSE

La région d'Inverclyde, en Écosse, est en proie à **UN PHÉNOMÈNE** pour le moins… étonnant. En 2016, pas moins de 15 paires de jumeaux étaient inscrites dans les écoles de la zone. L'année précédente, 38 jumeaux, soit 19 paires, y faisaient leur rentrée. Cette **PROPORTION ÉTONNANTE** n'a pas encore été expliquée de manière logique. Les habitants s'amusent à dire **QU'UN ÉLÉMENT MYSTÉRIEUX DANS L'EAU DE LA RÉGION** favoriserait les grossesses multiples ! En réalité, ce sont surtout les professeurs qui s'inquiètent : **COMMENT FAIRE POUR NE PAS SE MÉLANGER LES PINCEAUX ?** Des mesures pour limiter les dégâts ont été prises : l'école de la ville d'Ardgowan a fait en sorte de pouvoir placer chaque frère et sœur dans des classes différentes. Ainsi, chaque enfant pourra se développer en tant qu'individu, **SANS RISQUE D'ÊTRE CONFONDU** avec son jumeau ou sa jumelle !

Source : *Daily Record*

« Le hasard, c'est Dieu qui se promène incognito. »

Albert Einstein

PEOPLERIES

LE SHORT, C'EST LA CLASSE ROYALE !

Vous l'avez peut-être déjà remarqué : le prince George, fils du prince William et de Catherine Middleton, **porte exclusivement des shorts !** Qu'il pleuve, qu'il neige, qu'il vente ou qu'il fasse beau, c'est pareil. Sachez que ce style n'est pas un **manque d'inspiration** de la part des parents, mais une tradition ! Auparavant, seuls les enfants de classe moyenne portaient des pantalons. Ainsi, jusqu'à leur huitième année, les petits garçons issus de **familles royales** s'habillaient en short par tous les temps. Ce vêtement est alors le **symbole de l'élégance** royale chez les garçonnets. D'ailleurs, si vous tombez sur des photos de jeunesse du prince William et de son frère Harry, vous verrez qu'ils ne portaient, eux aussi, que des shorts… Et si vous êtes curieux, cherchez des gravures de leurs ancêtres, pour vérifier leur élégance.

Cleanfox : se débarrasser des newsletters en un clic !

Vous l'ignorez peut-être, mais les mails inutiles qui stagnent dans votre boîte de réception nuisent à la planète. Pourtant, il est difficile de faire le tri dans les newsletters auxquelles on s'abonne une fois pour ne plus jamais les ouvrir !

C'est là qu'intervient **Cleanfox.** Grâce à cette plateforme Web entièrement gratuite, vous pourrez vous débarrasser en un clin d'œil de tous ces courriels indésirables. Le logiciel effectue un scan de votre boîte mail et trie vos courriels par expéditeur. Pour chacun d'eux, vous pouvez ensuite en un clic décider de vous désabonner de la **newsletter** ou non, de supprimer les anciens mails ou de les garder. Une fois le ménage terminé, vous avez accès à vos statistiques : le CO_2 que vous avez économisé et le nombre d'arbres que vous avez permis de sauver ! Un petit bonus vous attend après le grand nettoyage : une analyse de votre personnalité en fonction des **newsletters** contenues dans votre boîte mail ! C'est dit avec humour, mais le résultat semble assez pertinent…

www.cleanfox.io

CITATIONS

« Ne craignez
pas d'être lent,
craignez seulement
d'être à l'arrêt. »

Proverbe chinois

Pourquoi les hommes sont-ils la preuve que la réincarnation existe ?

Parce qu'il n'est pas possible de devenir aussi con en une seule vie !

JEUX

MOTS CROISÉS

Horizontalement

1 - Déchiffrage - Publication
2 - Féminin de « un » - Causé
3 - Qui ont des poils - Gros mammifère marin
4 - Avec mesure - Charge - Plaque de Monaco
5 - Pronom au pluriel - Crédit - Service médical d'urgence
6 - Le début de la fin - Prisons - Deux balles au tennis
7 - Saoul - Revue
8 - Époque - Attraction pour enfants - Sélénium
9 - Reptile - Gardiens de l'âme

Verticalement

I - Graissés
II - Grande école - Ouvrage
III - *Cervus elaphus* - Train parisien
IV - Avalé - Gaïa
V - Accaparé - *Mobile Equipment*
VI - Cours courts - Récit long
VII - Espagne - Fissurant
VIII - Manifestation sur voie publique
IX - Fête religieuse - Légende mouvementée
X - Régions de l'Amérique - Serein
XI - Lombric - Gendre du prophète
XII - Énorme
XIII - Tuées

JEUX

	I	II	III	IV	V	VI	VII	VIII	IX	X	XI	XII	XIII
1								■					
2				■								■	
3							■						
4		■				■					■		
5				■					■				
6			■							■			
7					■								
8				■							■		
9								■					

Solution page 610

POURQUOI DIT-ON... « À BRÛLE-POURPOINT » ?

Du XIIIe au XVIIe siècle, l'expression « à brûle-pourpoint » s'employait surtout dans la phrase **« tirer à brûle-pourpoint ».** Le pourpoint désignait une sorte de ***veste qui se portait sous l'armure,*** afin de protéger le buste. Les armes fonctionnaient alors avec de la poudre, et un coup tiré à bout portant pouvait ***brûler le vêtement,*** c'est-à-dire le pourpoint. Un tir à brûle-pourpoint était donc, à l'origine, un tir à bout portant. Pour avoir la chance de tirer à bout portant, il faut être rapide et surprendre l'adversaire ! Par dérivé, on utilise aujourd'hui cette expression pour désigner ***une action surprenante,*** brusque et sans détour.

Quelques raisons de ne pas jeter le marc de café à la poubelle

Le marc de café est doté de *pouvoirs insoupçonnés*. Voici quelques astuces pour l'utiliser à bon escient plutôt que de s'en débarrasser :

- Mettez votre marc de café *dans vos canalisations*, puis versez de l'eau bouillante par-dessus. C'est un bon moyen pour les déboucher et les désodoriser. Ses propriétés permettent en effet de décrasser les tuyaux.
- Mélangez du marc de café avec *un blanc d'œuf* puis appliquez-la dix minutes sur votre visage. La caféine du marc a un effet tonifiant et le blanc d'œuf un effet tenseur ! Une bonne idée de *masque maison*.
- Appliquez du marc de café sous la douche, de façon circulaire, permet d'effectuer *un gommage doux* et sans danger pour votre peau.
- En cas de foulure, appliquez du marc de café tiède sur la zone douloureuse. Si ça ne soigne pas la blessure, *ça vous soulagera* jusqu'à votre arrivée aux urgences.
- Le marc de café est un soin capillaire étonnant, particulièrement sur les cheveux foncés : appliqué après votre shampoing habituel et bien rincé, il leur redonnera *force et brillance*.
- Mettre du marc de café dans votre jardin aura *l'effet d'un répulsif naturel !* Finis, les traitements chimiques dangereux pour la santé...

Humour

Un jeune Italien se rend dans l'église de son village pour se confesser.

« Mon père, pardonnez-moi, parce que j'ai péché. **J'ai fait l'amour** avec une fille.

– C'est bien toi, Antonio Filippi ?

– Oui mon père, vous m'avez reconnu.

– Et qui est cette fille avec qui **tu as péché ?**

– Je ne peux pas vous le dire, mon père. Elle viendra peut-être se confesser à son tour et vous le saurez.

– Était-ce Maria di Bianco ?

– Je ne peux pas le dire, mon père.

– Laura Pasini ?

– Je ne vous dirai pas son nom.

– Alors, c'était peut-être Ornella Lametta ?

– Je vous en supplie, mon père, comprenez que je ne veux pas mettre **la jeune fille** dans l'embarras.

– Très bien, mon fils, j'admire ta bienveillance. Malheureusement, je dois te suspendre de messes pendant deux mois. Ta foi te ramènera dans le droit chemin et tu en reviendras grandi. »

Sorti de l'église, le jeune homme retrouve un camarade, qui lui demande :

« Alors, qu'est-ce qu'il t'a dit ?

– Il m'a accordé deux mois de vacances. Et il m'a donné trois nouveaux noms de filles faciles. »

TOP 10 des derniers mots de célébrités avant de mourir

10 - Joe DiMaggio : Mort en 1999, la légende du base-ball Joe DiMaggio a été le mari de l'icône Marilyn Monroe. Si leur mariage n'a duré qu'une année, les deux célébrités sont restées **très proches jusqu'au décès de l'actrice** en 1962. Avant de mourir, le sportif a dit : « Je vais enfin pouvoir revoir Marilyn. »

9 - Bob Marley : Musicien jamaïcain incarnant la culture rastafari, le roi du reggae n'a pas perdu en popularité depuis sa mort en 1981. Savoir qu'il a grandi dans la misère avant de devenir une star internationale rend ses derniers mots **encore plus touchants :** « On n'achète pas la vie avec de l'argent. »

8 - Hector Berlioz : Compositeur français né en 1803, Hector Berlioz semblait souffrir de son **manque de notoriété et de reconnaissance.** Ainsi, en 1869, avant de mourir, il aurait déclaré : « Ah ! Quel talent je vais avoir demain ! On va enfin jouer ma musique ! » Effectivement, on la joue encore aujourd'hui, et elle a marqué des films populaires tels que *La Grande Vadrouille* (1966) !

LES TOPS DU WCB

7 - Voltaire : Écrivain et philosophe des Lumières, François-Marie Arouet, dit Voltaire, a cru, jusqu'au bout, **qu'il pourrait échapper à la mort.** Avant de trépasser, il aurait dit : « Je m'arrêterais de mourir s'il me venait un bon mot ou une bonne idée. » Malheureusement en panne d'inspiration, l'auteur de *L'Ingénu* (1767) s'est éteint à jamais le 30 mai 1778.

6 - François Rabelais : Alors que son testament annonce qu'il n'a rien, qu'il doit beaucoup et qu'il donnera le reste aux pauvres, l'écrivain Rabelais, ce boute-en-train, **blaguera jusqu'à sa mort en 1553.** Avant de se taire pour toujours, il aurait dit : « Tirez le rideau, la farce est terminée. »

5 - Victor Hugo : Le célèbre auteur des *Misérables* et de *Notre-Dame de Paris* s'est éteint le 22 mai 1895. À l'idée de mourir, **il semblait plutôt paisible :** « Allons, il est bien temps que je désemplisse le monde. » Il a laissé un grand vide, c'est certain.

4 - Léonard de Vinci : Le père de la *Joconde* est aujourd'hui considéré comme l'un des plus grands peintres, mais c'était aussi un grand scientifique, anatomiste, philosophe, écrivain, etc. Mondialement célèbre, **Léonard de Vinci (1452-1519) a pourtant eu l'impression d'avoir froissé Dieu** et les hommes par son manque de talent. Voici les derniers mots d'un homme humble : « J'ai offensé Dieu et l'humanité parce que mon travail n'a pas atteint la qualité qu'il aurait dû avoir. »

3 - Karl Marx : « Allez, sortez ! Les dernières paroles sont pour les imbéciles qui n'en ont pas dit assez ! », aurait dit le philosophe et économiste Karl Marx avant de mourir, le 14 mars 1883. Quoi qu'il en soit, en expliquant pourquoi il ne voulait pas prononcer ses dernières paroles, **il les a quand même prononcées !** De là à dire qu'il s'est lui-même traité d'imbécile…

2 - Oscar Wilde : Dans une chambre d'hôtel miteuse de Paris, Oscar Wilde s'apprête à passer l'arme à gauche. Ses derniers mots participent à la légende : « Ou c'est ce papier peint qui disparaît, ou c'est moi. » Peu de temps auparavant, l'écrivain s'était converti au catholicisme. La tradition voulant qu'on offre une coupe de champagne à un nouveau converti, on lui prête aussi ces paroles : « Je meurs comme j'ai vécu, largement au-dessus de mes moyens. » Très endetté, l'auteur du *Portrait de Dorian Gray* n'avait effectivement **même pas les moyens de régler la facture** de sa chambre au papier peint douteux !

1 - Al Capone : Mort en 1947, ce gangster est aujourd'hui une légende. Immortalisé dans le film *Scarface* (1932) de Howard Hawks puis dans *Les Incorruptibles* (1987) de Brian de Palma, il tient aujourd'hui une grande place dans la culture populaire. Et la dernière phrase qu'il aurait prononcée avant de mourir est à la hauteur de sa réputation : « On obtient de meilleurs résultats avec un mot gentil et une arme qu'avec un mot gentil tout seul. »

CITATIONS

« Un mensonge ne peut jamais être effacé. Même la vérité n'y suffit pas. »

Paul Auster

Quels est le point commun entre les enfants et les maris ?

Quand ils sont adorables, ce sont toujours ceux des autres !

Énigmes

Si nous ne sommes pas le lendemain de lundi ou le jour avant jeudi, que demain n'est pas dimanche, que ce n'était pas dimanche hier et que le jour d'après-demain n'est pas samedi, et que le jour avant-hier n'était pas mercredi,

quel jour sommes-nous ?

Réponse :

Dimanche.

DES EN-CAS ANTI-STRESS

Vous êtes en plein rush ? Faites une pause en grignotant un morceau de bon chocolat noir : ses flavonoïdes anti-oxydants détendent les vaisseaux sanguins, ce qui permet de réduire la pression artérielle. Mangez une banane, bourrée de vitamines du groupe B, indispensables au bon fonctionnement du système nerveux et à la production d'énergie. Veillez aussi à boire beaucoup d'eau.

JEUX

MOTS MÊLÉS

Liquides corporels

Saurez-vous retrouver chacun des mots cachés dans ce tableau ?

Les mots peuvent être écrits horizontalement, verticalement, en diagonale ou à l'envers.

Mots à trouver :

1) BILE
2) CHASSIES
3) CHIASSE
4) CYPRINE
5) EXPECTORATIONS
6) GLAIRES
7) LAIT
8) LARMES
9) MORVE
10) MUCUS
11) SALIVE
12) SANG
13) SPERME
14) SUC
15) SUEUR
16) URINE
17) VOMI

JEUX

L	B	G	G	Ç	X	L	T	M	T	F	D	A	G	Q	H	I	C
N	G	L	U	Y	B	I	L	E	J	V	M	D	R	X	N	A	X
V	U	Q	Y	A	Y	Z	B	W	V	S	S	S	A	L	I	V	E
T	E	K	S	C	M	U	C	U	S	O	E	N	I	R	P	Y	C
L	S	Q	L	Y	B	C	G	J	S	J	M	R	Z	J	Q	U	D
A	S	A	K	L	J	M	X	Q	T	W	C	I	I	P	G	P	I
P	H	C	H	A	S	S	I	E	S	X	E	S	V	A	J	S	V
G	C	Y	G	R	Z	B	Z	W	N	B	X	U	E	U	L	H	H
C	H	Y	Z	M	E	J	G	S	P	H	C	C	B	C	Q	G	O
F	I	V	C	E	Y	V	E	M	R	E	P	S	G	T	N	N	S
N	A	Q	C	S	I	D	K	Z	T	T	W	T	I	U	D	X	K
U	S	K	B	Q	E	I	U	D	T	S	I	D	K	G	N	M	R
L	S	Z	H	H	T	R	E	G	N	A	S	L	E	B	B	O	J
W	E	N	I	R	U	H	G	R	L	I	C	W	U	Ç	S	D	N
I	O	D	U	R	O	I	M	O	R	V	E	M	N	E	U	U	F
Y	Z	S	N	O	I	T	A	R	O	T	C	E	P	X	E	Y	E
W	C	O	G	I	J	W	H	Z	Z	E	Z	U	L	Z	U	S	S
J	T	X	Ç	U	R	A	C	V	Z	R	P	Q	J	P	R	Y	C

Solution page 612

JEUX

SUDOKU

	6						7	
	2	5				4	9	
9				8				5
7	5		2	4	8		6	9
		9	7		1	5		
			3	9	5			
1				7				3
	7	2				9	4	
	3						8	

Solution page 606

« Lorsqu'on devient célèbre, il faut se choisir un ou deux amis et se contenter d'imaginer le reste. »

Charlie Chaplin

LES QUESTIONS À LA CON

- QUE S'EST-IL PASSÉ EN L'AN 40 POUR QUE TOUT LE MONDE S'EN FOUTE À CE POINT ?

- QUI VA DÉPANNER LA DÉPANNEUSE SI CETTE DERNIÈRE TOMBE EN PANNE ?

- À QUOI LES AVEUGLES RÊVENT-ILS ?

- SI ON SE PENCHE SUR SON PASSÉ ET QU'IL N'Y A PAS DE GARDE-FOU, TOMBE-T-ON DANS L'OUBLI ?

AHHH !
IL M'A FAIT PEUR, CE CON !
AHHH !
IL M'A FAIT PEUR, CE CON !

Nos bonnes Applis

Le shazam des plantes, c'est Pl@ntnet !

Vous est-il déjà arrivé de vous promener dans la nature, de regarder de jolies plantes en n'ayant aucune idée de ce dont il s'agit ? Grâce à l'application imaginée par des chercheurs montpelliérains, vos questions botaniques ne resteront **plus jamais sans réponse !** Elle s'appelle Pl@ntnet et fonctionne comme Shazam, l'outil qui reconnaît le titre et l'interprète des chansons : vous **photographiez la plante** en question, puis vous la postez sur l'application. Il suffit ensuite de quelques secondes pour que **le nom du végétal s'affiche,** ainsi que d'autres photos venant compléter la vôtre. Pour obtenir des résultats encore plus fiables, vous pouvez aussi envoyer plusieurs photos en séparant les feuilles des fleurs, les bourgeons, etc. Si, au départ, l'application répertoriait en majorité la flore méditerranéenne, l'engouement mondial pour Pl@ntnet a contribué à **diversifier les types de végétaux répertoriés.** En effet, l'application est participative : il suffit pour ça de s'inscrire et de partager ses connaissances avec les autres utilisateurs. Pl@ntnet est donc sur le point de **révolutionner le milieu botanique,** tant pour les professionnels que pour les amateurs !

Pl@ntnet - Gratuit
Disponible sur iPhone, iPad et iPodTouch

DES COURS D'EMPATHIE POUR LES PETITS DANOIS !

Si l'éducation et les matières enseignées à l'école peuvent changer d'un pays à l'autre, **CERTAINS CONCEPTS SCOLAIRES PEUVENT ÉTONNER !** Ainsi, au Danemark, les élèves de 6 à 16 ans suivent **UNE HEURE DE COURS D'EMPATHIE** hebdomadaire. Et l'idée n'a rien de nouveau, puisqu'il en est ainsi depuis 23 ans ! Mais qu'apprend-on en cours d'empathie ? Les élèves se rassemblent autour d'un problème et en cherchent ensemble la solution, en **RESPECTANT LE POINT DE VUE DE CHACUN.** Ainsi, les problèmes à résoudre peuvent toucher au harcèlement à l'école, à la violence ou encore à la mésentente entre deux personnes. En débattant et en réfléchissant ensemble, les élèves apprennent ainsi à se consulter, à s'écouter et à débattre, mais aussi à ressentir les émotions des autres. Voilà une méthode qui semble bien fonctionner chez nos amis danois : rappelons que le Danemark a été élu le **PAYS LE PLUS HEUREUX DU MONDE EN 2016.** De là à tirer des conclusions hâtives, il n'y a qu'un pas...

J'ai un éléphant incontrôlé dans la menthe, s'écria la directrice du zoo.

J'AI UN ÉLÉMENT INCONTRÔLÉ DANS LA FENTE, S'ÉCRIA LA DIRECTRICE DU ZOO.

5 STARS QUI DESCENDENT DE PERSONNAGES HISTORIQUES !

George Clooney serait le descendant d'Abraham Lincoln, président des États-Unis entre 1861 et 1865. La connexion se fait au niveau de la grand-mère de l'homme politique : ça remonte à loin, mais c'est quand même la classe.

Barack Obama descendrait du roi Édouard Ier d'Angleterre, mort en 1307. Un autre candidat aux élections présidentielles de 2008 partagerait ce sang : John McCain !

Paris Hilton est l'héritière de l'empire des hôtels Hilton fondé par son grand-papa Conrad Hilton. Comme si ça ne suffisait pas, elle est aussi une lointaine descendante du roi Henri II d'Angleterre !

Robert Pattinson, le vampire beau gosse de la saga *Twilight,* descendrait de… Dracula, à savoir le Comte Vlad III l'Empaleur (1431-1476), prince de Valachie, qui a bel et bien existé. L'un de ses noms était en effet Draculea, qui signifie « fils du diable ». Cette figure historique a inspiré à Bram Stoker le personnage de son roman, dont le nom a été à peine déguisé.

Julien Doré est un descendant du peintre Gustave Doré (1832-1883), qui était le frère de l'arrière-arrière-grand-père de l'auteur-compositeur-interprète, donc son arrière-arrière-grand-oncle.

Le WEB du WCB

Du soutien scolaire en vidéo

Les jeunes passent de plus en plus de temps sur leurs smartphones, c'est un fait. Cette nouvelle manie ne devrait pas les empêcher de réviser… à condition de trouver le bon support ! L'application SchoolMouv a justement été imaginée pour nos adolescents coincés devant leurs écrans. Shannon Picardo, entrepreneur originaire de Toulouse, a imaginé une plateforme sur laquelle les jeunes pourraient regarder **des vidéos d'acteurs jouant… leurs cours !** Tournées en studio, ces images ont été pensées pour **rendre attractifs les programmes** scolaires, et pour qu'ils soient aussi plus mémorisables. Les enseignants qui ont rédigé les fiches de révision sont certifiés et diplômés. Plus de 200 vidéos couvrent le programme, de la 3e à la terminale, et les lycéens peuvent désormais **réviser le bac sur SchoolMouv.** Âgé à peine de 17 ans quand il a eu l'idée et de 22 ans lorsqu'il a créé le concept, autant vous dire que Shannon Picardo se souvenait très bien de **la difficulté pour trouver du soutien scolaire** sans un sou en poche. Avec SchoolMouv, c'est chose faite avec une formule d'abonnement qui n'excède pas 30 euros par mois. Les jeunes ont désormais une vraie bonne raison de rester scotchés à leurs écrans !

www.schoolmouv.fr

« Moi, je n'avais jamais fait l'amour avec ma femme avant notre mariage. Et toi ?

– Heu… Je ne me souviens pas… Tu peux me rappeler son nom de jeune fille ? »

Le client demande au serveur du restaurant tout en consultant la carte :

« Garçon, que me recommandez-vous en toute confiance ?

– Un autre restaurant ! »

POURQUOI DIT-ON... « EN VOITURE, SIMONE ! » ?

Les plus jeunes d'entre vous ne connaissent peut-être pas cette expression mais elle parlera sans doute à tous les plus de 20 ans. Très en vogue jusque **dans les années 1990,** elle signifie « C'est parti ! », lorsqu'on veut se rendre quelque part ou que l'on débute une action. Simone Louise des Forest est, en 1929, l'une des **premières femmes à passer le permis** de conduire. Non seulement, elle l'obtient, mais elle devient, par la suite, **pilote de courses automobiles !** Jusqu'en 1957, elle enchaîne les courses sans jamais provoquer ou subir d'accident. Il faudra cependant attendre 1962 et Guy Lux, présentateur d'*Intervilles,* pour que son nom donne naissance à une expression. L'animateur coanime l'émission avec Léon Zitrone et Simone Garnier. Un jour, Guy Lux lance la phrase « En voiture Simone ! C'est moi qui conduis et toi qui klaxonnes », en référence à la célèbre Simone. La phrase devient vite **un cri de guerre** pour les différentes équipes qui s'affrontent durant le programme télévisé. Peu à peu raccourcie en un simple « En voiture, Simone ! », elle est devenue une expression populaire.

Humour

Mario, 9 ans, est interrogé par sa maîtresse :

« Tu fais les courses avec ton papa. Il vient d'acheter 12 bouteilles de vin à 7 euros pièce. Combien ça fait ?

– Heu… À la maison, ça fait 3 jours, madame ! »

Trucs et Astuces

Les aliments qui vous feront vivre jusqu'à 100 ans

Cuisinier de renom et star internationale, *Jamie Oliver n'a pas fini de nous épater !* Après avoir lutté contre la malbouffe au Royaume-Uni en s'attaquant aux menus dans les cantines scolaires, il entend nous délivrer *le régime idéal pour nous assurer longévité et bonne santé*. Et cette diète n'a rien de sorcier ! Voici les aliments préconisés par le grand chef pour favoriser une espérance de vie jusqu'à 100 ans :

– *Œufs* : pour les protéines et les vitamines A et D.
– *Feta et lait de brebis* : source de calcium, ce lait est aussi très riche en vitamine D et se digère très bien.
– *Poissons gras* : anchois, hareng, sardine et saumon sont des poissons riches en Oméga 3.
– *Patate douce* : riche en vitamine A.
– *Légumes verts et plantes aromatiques* : riches en magnésium et vitamine B9.
– *Tofu* : riche en fer.
– *Noix* : source de magnésium et vitamine B9.
– *Haricots noirs* : ils apportent du potassium et du fer.
– *Fruits frais* : riches en vitamines en tout genre.
– *Algues* : pour le fer !
– *Riz sauvage* : pour le magnésium, mais aussi le phosphore.
– *L'ail* : Source de vitamine C, mais aussi très bon antioxydant.
– *Les crevettes* : riches en magnésium et en zinc.
– *Les piments* : source de vitamine C et A.

Humour

Annette interrompt son mari, qui regarde la télévision :

« Dis, tu ferais quoi si je t'annonçais que **j'ai gagné à l'Euro Millions ?**

– Je récupérerais la moitié des gains, **je ferais ma valise** et je te quitterais pour refaire ma vie aux Bahamas.

– Alors, fais ta valise ! J'ai gagné 20 euros. **Prends la moitié** et fous le camp ! »

« Le jour où j'ai vraiment eu l'impression de perdre ma virginité, c'est la fois où j'ai subi une coloscopie. »

Ben Affleck

Énigmes

Je suis dans l'étang, au fond du jardin. Je me cache au début de la nuit. On me voit deux fois dans l'année, une fois en automne, mais jamais en été.

Que suis-je ?

Réponse :

La lettre « N ». Je suis dans l'étaNg, au fond du jardiN. Je me cache au début de la Nuit. On me voit deux fois dans l'aNNée, une fois en automNe, mais jamais en été.

La belle-mère de Bertrand lui dit :

« Tu n'es pas trop triste que je parte demain ?

– Oh si, belle-maman ! J'aurais préféré que vous partiez aujourd'hui ! »

RELAXEZ-VOUS AVEC LE TRAINING AUTOGÈNE

Basé sur l'autosuggestion, le training autogène apaise le stress et l'anxiété. Assis(e) ou couché(e), yeux fermés, répétez en vous-même une formule d'intention pour déclencher la relaxation musculaire : « Je me sens tout à fait calme », par exemple. Ensuite, passez à « Tout mon corps est lourd » et « Mon corps est tout chaud », en ressentant progressivement le relâchement dans chaque membre : bras, jambes...

JEUX

SUDOKU

	9			3			7	
6		4			2			8
						4		2
					7	9		5
7	3		6		9		8	4
8		9	3					
1		8						
9			8			7		6
	4			2			1	

Solution page 607

CITATIONS

« L'avantage d'être une star, c'est qu'on n'a pas besoin de se peser ; il suffit de lire la presse pour savoir si on a grossi »

Pierre Desproges

Se faire réveiller par Dwayne « The Rock » Johnson

Vous connaissez sans doute l'ancien catcheur « The Rock », alias l'acteur Dwayne Johnson ? Ce que vous ignorez peut-être, c'est **qu'il se lève tous les matins à 4 heures.** Un nouveau rythme qui a, selon ses dires, changé sa vie. Et pour que la vôtre change aussi, il se propose de vous aider, sous la forme d'une application. **The Rock Clock** vous propose ainsi de **choisir entre 25 sonneries différentes,** toutes faites par Dwayne Johnson *himself*, destinées à vous motiver ! Petit plus, vous aurez la possibilité de synchroniser votre réveil avec celui de la star, ce qui veut dire que le jour où il se sent assez foufou pour mettre son réveil à 3 heures du matin, **le vôtre sonnera exactement au même moment !** Enfin, pour plus d'efficacité, le bouton *Snooze* qui permet habituellement de reporter le réveil a été supprimé. Alors, **prêts à changer de vie ?**

The Rock Clock - Gratuit
Disponible sur iOS et Android

CYCLOTOURISTA

DES DÉCHETS DE CANTINE PEUVENT DEVENIR DU BIOGAZ !

Transformer les innombrables déchets de cantine en biogaz, c'est le pari de la start-up française **LOVE YOUR WASTE.** L'entreprise collecte les déchets organiques des cafétérias scolaires et autres restaurants collectifs du système d'éducation pour en faire de l'engrais naturel ou du biogaz. **UN SYSTÈME INGÉNIEUX QUI FAVORISE L'ÉCONOMIE CIRCULAIRE,** bien sûr, mais qui sensibilise également les enfants au gaspillage alimentaire et à l'écologie. Ainsi, dans les écoles inscrites dans le programme Love Your Waste, ce sont **LES ÉLÈVES EUX-MÊMES QUI TRIENT LEURS DÉCHETS !** Le projet Love Your Waste est en passe de se développer puisque les créateurs ambitionnent d'étendre le tri aux restaurants d'entreprises et aux hôpitaux. Voilà une start-up qui n'a pas volé sa récompense de Grand Prix de l'Innovation de la Ville de Paris !

CITATIONS

« Quand les mouettes suivent un chalutier, c'est qu'elles pensent qu'on va leur jeter des sardines. »

Éric Cantona

My Cut : le site de la coiffure à domicile

Les femmes modernes sont pressées : *travail, famille, tâches ménagères*... Elles en oublient parfois de prendre soin d'elles.

C'est pour elles qu'a été inventé **My Cut !** Avec ce site, vous pouvez, en quelques clics, réserver votre coiffeur à domicile. Vous choisissez les détails de vos prestations : soins, shampooing, brushing, coloration, lissage, etc. Chaque coiffeur est noté par les clients, aucun risque de vous retrouver avec un apprenti qui ne sait pas se servir de ses ciseaux ! L'offre est disponible tous les jours sans exception, de 8 h à 22 h. Comptez 43 euros pour l'offre de base (shampooing, coupe et brushing), 93 euros si vous ajoutez une coloration. Tous les prix sont affichés en temps réel lorsque vous ajoutez ou enlevez une option de prestation. Vous éviterez ainsi les mauvaises surprises au moment de payer ! Vous réglez en ligne, pas d'échange d'argent avec le professionnel et, surtout, vous payez après la prestation. Si votre coiffeur vous plaît, vous pourrez, la fois suivante, faire directement appel à lui. Mieux encore, si votre nouvelle coupe vous satisfait, vous pouvez directement demander la même lors de votre prochaine réservation. Changement d'emploi du temps ? L'annulation de votre prestation est gratuite 24 heures avant. Prendre soin de vous n'a jamais été aussi simple avec **My Cut.** De leur côté, les maris ne pourront plus jamais dire qu'ils n'ont pas le temps d'aller chez le coiffeur !

https://mycut.fr

Des Chiffres, Des Chiffres

La fièvre du selfie

Le tout premier selfie connu dans le monde a été pris **en 1839** par l'Américain Robert Cornelius.

C'est **en 2002** que le mot « *selfie* » commence à être utilisé. La toute première occurrence connue est due à un jeune australien qui l'utilise sur un forum. Il faut cependant attendre **2012** pour que les médias le fassent entrer dans le langage courant.

En 2013, « *selfie* » a été déclaré « mot de l'année » par les dictionnaires d'Oxford.

Le selfie le plus partagé de l'histoire est celui d'Ellen DeGeneres avec les stars d'Hollywood, réalisé lors de la cérémonie des Oscars **en 2014.** Il a été vu plus de **37 millions de fois !** Le coût de cette image, une opération marketing orchestrée par Samsung, a été estimé à **1 milliard de dollars.**

Près de **40 milliards** de selfies sont pris chaque année dans le monde, soit **1 076 selfies** par seconde !

Selon une étude, **55 % des hommes** prennent des selfies contre **35 % des femmes.** La tranche d'âge la plus concernée est celle des **18-34 ans,** qui sont **73 %** à partager des selfies, contre **24 % des 35-50 ans.**

En 2015, les selfies ont causé plus de décès que les attaques de requins ! **12 personnes** sont mortes de leur imprudence en se prenant en photo tandis que les squales sont responsables de **8 décès.**

Bernard entre dans un bar en marchant sur les mains.

Il réussit à s'asseoir péniblement et demande une bière au serveur. Ce dernier lui demande :

« Mais pourquoi marchez-vous sur les mains ?

– C'est parce que j'ai fait une promesse à ma femme. Elle m'a demandé de ne plus mettre les pieds dans un bar ! »

PEOPLERIES

LES NOMS D'ENFANTS DE STARS LES PLUS INSOLITES

Quand on est riche et célèbre, on peut tout se permettre. Y compris donner les noms les plus insolites à ses enfants ! En voici un petit florilège :

Apple : C'est le prénom de la fille aînée de l'actrice Gwyneth Paltrow et de Chris Martin, chanteur du groupe Coldplay. On ne sait pas, en revanche, si ce prénom fait référence à la marque de Steve Jobs ou au fruit.

Harper Seven : Ce joli prénom composé est celui de la fille qu'a eu David Beckham avec sa belle Victoria. Seven parce que 7 est le chiffre fétiche du couple et Harper du nom d'un personnage de la série pour ados *Les Sorciers de Waverly Place.* Ce sont les grands frères qui ont choisi ce dernier.

Térébentine : Voici le prénom de la fille de Cécile Duflot, la femme politique. Le même mot avec « th », aurait donné le nom du solvant légèrement toxique, ce qui aurait été un comble pour une ancienne secrétaire nationale des Verts !

Bronx Mowgli : L'actrice et chanteuse Ashlee Simpson a voulu rendre hommage à son personnage de dessin animé préféré en appelant son fils (conçu avec un membre des Fall Out Boys), Bronx Mowgli. Le Bronx, c'est la jungle… et Mowgli vit… dans la jungle. Ne cherchez pas plus loin !

PEOPLERIES

Buddy Bear : C'est le nom de l'un des fils du chef cuisinier Jamie Oliver, père de cinq enfants. Pour les non-bilingues, on pourrait le traduire par « Le copain l'ourson ». Ça ne doit pas être facile tous les jours à l'école…

Kyd : David Duchovny, connu pour son rôle dans la série *X-Files,* ne s'est pas trop foulé en appelant son fils « Kyd », proche du mot *kid* qui signifie « enfant », « gamin ». C'est un peu comme si vous décidiez d'appeler votre bébé « Baibai » ou un chien « Shien » !

Dune : Pas de double sens, d'explication ni même de traduction. Dune est le prénom de la fille aînée de l'actrice belge Marie Gillain, qui lui est apparue en rêve durant sa grossesse. Il évoque donc un gigantesque tas de sable dans le désert.

Sparrow : Ce prénom, qui se traduit en français par « moineau », est celui du fils de Nicole Richie et Joel Madden, chanteur du groupe Good Charlotte. Mais c'était juste pour faire rimer avec Harlow, le prénom de sa grande sœur.

Inca : Tel est le prénom du fils de Florent Pagny, en référence sans doute à la civilisation précolombienne. Une chose est sûre, vous n'aurez pas sa liberté de penser que c'est un joli prénom.

Coco : Non, ce n'est pas un diminutif ! C'est le prénom de la fille de l'actrice Courteney Cox. On ignore la raison de ce choix, mais c'est drôle de dire à voix haute : « Coco Cox ». Bon, Coco Cox peut se consoler auprès de sa marraine de star, Jennifer Aniston. Et tout le monde ne peut pas en dire autant.

Marquise : C'est le nom du fils de 50 Cent, le rappeur. Le petit frère s'appelle Sire. On ne sait pas si c'est mieux…

POURQUOI DIT-ON... « ARGENT LIQUIDE » ?

Avoir dans ses poches des pièces ou des billets est souvent résumé par « avoir de l'argent liquide ». Pourtant, ce mode de paiement est ***bien plus solide que l'argent*** du compte en banque, puisqu'on peut le toucher ! Pour comprendre cette expression, il faut revenir au XIVe siècle. À cette époque, on désigne tout ce que l'on possède comme ***un « bien liquide »*** : les maisons, les terres, etc. Ces possessions sont « liquides », de l'italien *« liquido »* qui signifie « limpide » ou « fluide », parce qu'on ne doit plus rien à personne, ***elles sont acquises.*** Au XVIIe siècle, on étend l'expression « liquide » à l'argent et non plus seulement aux biens. Elle désigne alors l'argent que l'on possède sur soi, qui est directement accessible. En physique, un liquide est quelque chose qui coule. En langage financier, l'argent liquide est donc plus facilement échangeable ou cessible !

Après le croissant, le café au beurre !

Alors qu'il effectuait un trek au Tibet, le businessman Dave Asprey a eu l'idée d'ajouter une noisette de beurre à son thé. Épuisé par le manque d'oxygène et l'effort, il a tenté l'expérience pour essayer de retrouver la forme. Miracle, ça a marché ! Depuis, le « bulletproof coffee » (littéralement « café blindé »), fait fureur à San Francisco et Brooklyn ! Cette recette limiterait les fringales de milieu de journée tout en garantissant une énergie et un développement des capacités intellectuelles !

Pratique à réaliser chez vous, à condition de réunir ces deux critères : le café doit être sans conservateur, contrairement à la plupart des cafés industriels, et le beurre doit être à base de lait de vache nourrie à l'herbe.

Mais le jeu en vaut sans doute la chandelle, puisque des stars comme Shailene Woodley (à l'affiche de *Nos étoiles contraires* et de la saga *Divergente*) et le chanteur Ed Sheeran en sont adeptes. Pour finir de vous convaincre, sachez que les joueurs de basket-ball Nick Young et Jodie Meeks en sont fans aussi !

MOTS MÊLÉS

Monnaies dans le monde

Saurez-vous retrouver chacun des mots cachés dans ce tableau ?

Les mots peuvent être écrits horizontalement, verticalement, en diagonale ou à l'envers.

Mots à trouver :

1) CEDI
2) DINAR
3) DOLLAR
4) DRAM
5) EURO
6) FRANC
7) HRYVNIA
8) KUNA
9) LEU
10) LEV
11) PESO
12) RIAL
13) ROUBLE
14) ROUPIE
15) SHILLING
16) SUM
17) TALA
18) VATU
19) YEN
20) ZLOTY

JEUX

K	R	U	B	P	V	P	P	O	E	U	R	T	K	K	M	K	A
R	Y	E	N	R	I	A	L	N	A	K	E	Q	Ç	F	R	R	R
R	U	P	O	O	R	Y	L	V	D	E	K	S	D	W	W	Ç	D
J	O	A	R	Z	O	M	W	K	B	C	C	H	D	B	R	H	O
Y	P	U	N	L	U	R	T	A	L	A	F	I	H	A	J	U	E
M	E	N	B	Q	P	S	J	I	D	B	O	L	L	D	L	V	Z
S	U	U	Q	L	I	U	F	N	C	B	O	L	N	C	C	S	G
Y	R	O	S	Q	E	M	B	V	E	T	O	I	T	N	H	Y	X
O	J	E	H	K	P	N	B	Y	D	D	H	N	A	A	L	C	L
X	S	M	Q	U	C	N	A	R	F	I	W	G	K	T	B	V	G
O	I	E	W	N	G	Q	K	H	D	J	N	F	I	V	W	Z	L
V	O	W	P	A	N	V	L	R	W	V	F	A	A	S	N	E	M
S	I	N	F	N	I	Ç	A	E	H	T	Z	T	R	P	U	Z	X
F	M	X	I	G	Q	M	L	R	S	B	U	T	B	U	Y	L	I
Z	S	S	D	Y	P	V	H	X	N	S	M	S	U	M	F	O	V
A	V	I	E	Z	G	K	E	N	T	U	R	H	I	V	L	T	W
X	E	J	C	T	K	M	U	L	A	L	A	O	X	S	R	Y	T
J	A	M	K	V	L	F	A	J	M	Q	U	K	B	A	S	J	X

Solution page 612

Humour

Après 60 ans de mariage, Geneviève se retrouve veuve. Dépitée par le chagrin, elle ne tarde pas à **se laisser mourir.** Heureusement, au paradis, elle retrouve son cher et tendre Jacques.

« Mon chéri, tu vois : je n'ai pas tenu longtemps sans toi !

– Je vois ça, Geneviève. Mais maintenant, **il faut me laisser tranquille.**

– Comment ça ?

– À notre mariage, **le curé a été bien clair** sur un point : « jusqu'à ce que la mort vous sépare. » Alors maintenant, j'ai bien l'intention d'en profiter ! »

« Je rêve parfois
de créatures somptueuses
célébrant la perte de leur virginité
comme de vraies inaugurations
avec buffet, discours et
cordon symbolique. »

Philippe Bouvard

Énigmes

Quel est le message caché dans cette lettre,
que l'on attribue à George Sand ?

**« Je suis très émue de vous dire que j'ai
bien compris l'autre soir que vous avez
toujours une envie folle de me faire
danser. Je garde le souvenir de votre
baiser et je voulais bien que ce soit
là une preuve que je puisse être aimée
par vous. Je suis prête à vous montrer mon
affection toute désintéressée et sans cal-
cul, et si vous voulez me voir aussi
vous dévoiler sans artifice mon âme
toute nue, venez me faire une visite.
Nous causerons en amis, franchement.
Je vous prouverai que je suis la femme
sincère, capable de vous offrir de l'affection
la plus profonde comme la plus étroite
en amitié, en un mot la meilleure preuve
que vous puissiez rêver, puisque votre
âme est libre. Pensez que la solitude où j'ha-
bite est bien longue, bien dure et souvent
difficile. Ainsi en y songeant j'ai l'âme
grosse. Accourez donc vite et venez me la
faire oublier par l'amour où je veux me
mettre. »**

Réponse :

Vous n'avez qu'à lire une ligne sur deux pour découvrir la proposition bien osée que George Sand adressait à Alfred de Musset…

REPOSEZ VOTRE REGARD

Aujourd'hui, nous passons beaucoup de temps devant des écrans d'ordinateur, de télévision, de tablette, etc., qui abîment la vue. Pensez donc à reposer vos yeux en faisant plusieurs fois ces exercices : effectuez des mouvements avec vos yeux de gauche à droite et de haut en bas, ainsi que des cercles dans le sens des aiguilles d'une montre, puis dans le sens inverse.

JEUX

SUDOKU

6		5		2				1
				5	9		6	
					8	2	5	
	2					8		5
	7						3	
9		4					7	
	1	7	8					
	6		5	3				
4				1		6		8

Solution page 607

Votre régime alimentaire change l'odeur de votre transpiration

Si ***l'odeur de sueur*** n'est en général agréable pour personne, sachez qu'il est possible de choisir qu'elle sente plus ou moins mauvais ! Pour ce faire, il suffit ***d'adapter son régime alimentaire.*** Des psychologues de l'université de Macquarie en Australie sont parvenus à démontrer qu'en mangeant essentiellement des fruits et des légumes, la transpiration avait ***une odeur plus douce et sucrée.*** Idem pour les sujets qui ont adopté un régime riche en protéines et en graisse. Au contraire, ceux qui mangent essentiellement des glucides dégagent une odeur plus désagréable que les autres… Pour prouver ce point, les psychologues ont demandé à des femmes de ***décrire les odeurs*** provoquées par la transpiration des hommes sujets : c'est ainsi qu'ils en ont tiré leurs conclusions ! Ce phénomène serait dû aux pigments appelés caroténoïdes, qui sont de ***très bons antioxydants*** et permettent au corps de rester en bonne santé. Pour affiner l'analyse, ils ont étudié la colorimétrie des sujets et le résultat ne laisse pas de place au doute : les peaux qui contiennent le plus de caroténoïdes sont celles des sujets dont ***la transpiration sent meilleur !***

Nos bonnes Applis

L'application qui va révolutionner vos séances de shopping !

Si vous faites partie de ces gens qui n'aiment pas essayer les vêtements dans les boutiques, l'application **Igloo** a été imaginée pour vous ! Très simple d'utilisation, elle se limite à trois étapes : sélectionnez vos articles préférés, **donnez rendez-vous au livreur** à l'horaire qui vous convient et essayez ! Vous payez les articles uniquement si vous décidez de les garder, sinon, vous n'avez qu'à les renvoyer. Pour seulement 1 euro, vous vous faites livrer jusqu'à 6 articles, avec la possibilité de **choisir deux tailles par pièce.** Le livreur peut passer chez vous 7 jours sur 7 et jusqu'à 23 heures ! Les prix sont les mêmes qu'en magasin, y compris pendant les soldes. Les boutiques présentes sur **Igloo** sont exclusivement parisiennes, des **grandes marques** aux **petits créateurs.** C'est votre banquier qui risque de réserver un accueil glacé à **Igloo,** la première application d'essayage à domicile !

Igloo - Gratuit
Disponible sur iOS

Deux hommes discutent :

« On a beaucoup écrit sur moi.

– Ah, bon ? Vous êtes connu ?

– Non… tatoué… »

Histoires Insolites

UN TEXTO SIMULTANÉ À TOUS LES NEW-YORKAIS !

Le 20 septembre 2016, à 8 heures du matin, **TOUS LES NEW-YORKAIS** sans exception ont entendu une longue sonnerie aiguë provenant de leur smartphone annonçant la **RÉCEPTION DU MÊME TEXTO.** Un canular ? L'œuvre d'un *hacker* surdoué ? Pas du tout, l'expéditeur répondant au doux nom de « **FBI** » **!** Le contenu du message était très sérieux : « **WANTED : AHMAD KHAN RAHAMI.** *28-yr-old male. See media for pic. Call 9-1-1 if seen* » (« *Recherché : Ahmad Khan Rahami. Homme de 28 ans. Regardez dans la presse pour sa photo.* ***APPELEZ LE 911*** *si vous le voyez »).* Utilisée pour la première fois de l'histoire, cette méthode peu conventionnelle a été **VALIDÉE PAR LE PRÉSIDENT BARACK OBAMA** lui-même et a permis de retrouver l'individu en quelques heures ! L'homme en question était suspecté d'être l'auteur de **L'ATTENTAT DE CHELSEA AYANT BLESSÉ 29 PERSONNES, QUATRE JOURS PLUS TÔT.** Cet événement a surpris les habitants de New York qui pensaient ne pas pouvoir recevoir de message sans avoir, au préalable, donné leur accord. Si en France, il faut télécharger l'application « Alerte attentats » pour recevoir ce genre de message, il suffit, dans la Grosse Pomme, de posséder un smartphone. Et la sonnerie spéciale retentit même si l'appareil est en mode « ne pas déranger » ! Aussi utilisée pour les catastrophes naturelles, cette méthode d'information est vouée à **ENTRER DANS LA NORME À NEW YORK.**

« Ne vous mettez pas en avant, mais ne restez pas en arrière. »

Proverbe chinois

PEOPLERIES

JIM CARREY DÉTESTE LE GRINCH !

Vous êtes fan du film *Le Grinch* (2000) ? Sachez que s'il y en a un dont le tournage a été un calvaire pour **Jim Carrey,** c'est bien celui-là ! On sait pourtant à quel point l'acteur est capable de s'investir dans un rôle dans le simple but de faire rire son public… Mais alors, qu'a-t-il bien pu se passer ? **C'est la faute du costume !** Afin d'incarner le croque-mitaine aux poils verts, Jim Carrey devait subir huit heures de maquillage. La tenue elle-même n'était pas non plus simple à enfiler. Aussi, au dernier moment, l'acteur a demandé à voir le réalisateur Ron Howard pour lui annoncer **qu'il ne pouvait pas faire le film.** Sauf que l'argent engagé pour avoir Jim Carrey en rôle principal était trop important, et qu'il était **impossible de faire demi-tour.** La solution sera trouvée en engageant **un formateur de la CIA** spécialisé dans la torture, chargé d'entraîner la star à endurer le costume. Jim Carrey a pu ainsi mener à bien sa mission sans **plus jamais se plaindre.**

QUAND UNE ARMOIRE
À GLACE PARLE,
LES ENFANTS ÉCOUTENT...

Le WEB du WCB

Quick, Draw : ou comment vous n'allez plus rien faire au boulot...

Vous vous ennuyez au bureau ? Ça n'arrivera plus jamais avec Quick, Draw ! Ce logiciel va vous occuper au point que vous en oublierez réellement de travailler. Le principe est simple : **un générateur** vous envoie un mot et vous devrez ensuite **dessiner ce qu'il vous demande.** Ça peut être un objet, une partie du corps ou un animal... Quoi qu'il en soit, le logiciel jugera **votre capacité d'artiste.** Attention, vous avez seulement 20 secondes et pas une de plus pour exprimer votre talent ! Si vous maîtrisez l'art du dessin, il se peut que l'intelligence artificielle reconnaisse votre dessin avant même la fin du temps imparti. Tentez de dessiner 6 objets différents à la suite et **découvrez l'ensemble de vos œuvres.** Vous pourrez aussi découvrir les chefs-d'œuvre des autres internautes et comprendre pourquoi l'ordinateur a reconnu certains dessins et pas d'autres. Vous verrez que tout le monde n'a **pas la même vision** que vous de certains animaux ou objets !

https://quickdraw.withgoogle.com

L'anis : l'ennemi des brûlures d'estomac

L'anis fait partie de ces aliments qu'on aime ou qu'on déteste. Pourtant, il faut savoir qu'il est bon pour la santé, surtout lorsqu'il s'agit de calmer des brûlures d'estomac. Imaginez que *les Égyptiens cultivaient déjà l'anis* il y a 4 000 ans et qu'ils connaissaient ses bienfaits sur la digestion. Voici la recette, simple comme bonjour : dès les premières sensations d'aigreur, mettez deux cuillères à café de graines d'anis dans une tasse d'eau bouillante. Laissez infuser une dizaine de minutes avant de filtrer.

L'anis vous aidera également à lutter contre les ballonnements et l'aérophagie !

Humour

Une femme débarque en pleurs chez son médecin. Elle est dans un sale état : un coquard à chaque œil, quelques dents en moins, un bras cassé et des hématomes un peu partout. Le médecin, choqué, demande :

« Mais qui vous a fait ça ?

– Mon mari.

– Mais je croyais qu'il était en voyage d'affaires pour quelques jours.

– Moi aussi, figurez-vous ! »

« Si chaque cigarette que vous fumez vous enlève sept minutes de vie, chaque partie de *Donjons et Dragons* repousse de sept heures la perte de votre virginité. »

Marilyn Manson

Quel mot contient une seule consonne et cinq voyelles différentes ?

Réponse :
Oiseau.

LE SENS DE LA PAIX

Un beau jour, le roi d'un vaste royaume décida d'offrir un prix à l'artiste qui ferait la peinture illustrant le mieux la paix... De nombreux artistes proposèrent une œuvre. Le roi prit le temps de regarder chaque toile, mais seulement deux retinrent son attention.

La première représentait un lac calme, entouré de magnifiques montagnes, sous un ciel bleu que rien ne venait entacher. Tous ceux qui virent cette peinture pensèrent que c'était l'image parfaite de la paix.

Sur l'autre toile on voyaient aussi des montagnes. Mais elles étaient rocheuses et le sommet ne comportait aucun arbre. Au-dessus, un ciel orageux déversait de la pluie et des éclairs. À droite de la montagne, une énorme chute d'eau complétait le paysage. Cela ne ressemblait en rien à la paix.

Mais après que le roi l'eut bien regardée en détail, il vit derrière la chute un petit buisson qui avait poussé sur le rocher. Une maman oiseau y avait élu domicile. Installée dans son nid, elle vivait dans la paix la plus parfaite.

Le roi choisit la seconde œuvre en argumentant : *« La paix ne veut pas dire être à un endroit où il n'y a ni bruit, ni trouble. Non. La paix veut dire être au milieu de toutes ces choses perturbantes, mais être toujours au calme dans son cœur. »*

À méditer !

JEUX

SUDOKU

	4		7	6				3
		3		1	5		6	
6			2					
					7	1		
	9	5				8	7	
		1	9					
					3			7
	1		5	2		3		
8				7	1		4	

Solution page 607

À la maternité, un nouveau père, inquiet, demande à la sage-femme :

« Trouvez-vous que mon fils me ressemble ?

– Oui, mais c'est pas grave ! L'essentiel, c'est qu'il soit en bonne santé ! »

CITATIONS

« En cherchant la gloire on perd souvent l'honneur. »

William Shakespeare

Chatbooks : vos clichés rassemblés en quelques clics

L'application **Chatbooks** vous permet de créer **un album photos** en quelques étapes. Jusque-là, rien d'exceptionnel... Sauf que Chatbooks crée lui-même l'album à partir de **vos dernières photos publiées** sur les réseaux sociaux : fini la recherche des innombrables photos à retrouver sur votre compte Facebook pour les montrer à vos proches ! Que vous soyez flemmard, peu organisé ou simplement pressé par le temps ne vous exclut pas du droit au bel album photos à feuilleter lors des réunions de famille ! Chatbooks promet **un album de 60 pages** pour 8 $, frais de port inclus. Il rassemble les photos de votre compte Facebook, de votre compte Instagram et celles de vos albums photos digitaux sur votre smartphone pour créer, de manière autonome, un super album de **vos meilleurs moments récents !** Vous pouvez aussi faire participer vos amis en créant **un album commun,** puis éditer le résultat pour ajouter ou enlever certaines photos de l'album. En bref, Chatbooks est le moyen le plus simple de faire un album sans effort !

Chatbooks - Gratuit
Disponible sur iPhone, iPad et iPod Touch

DES FAUSSES BOUTIQUES APPLE EN CHINE

Il existe en Chine des **APPLE STORE… DE CONTREFAÇON !** Ces boutiques ressemblent tellement aux points de vente de la marque californienne que **MÊME LES EMPLOYÉS Y CROIENT.** Tout y est : la petite pomme sur les appareils, la décoration et l'ambiance similaires à celles des Apple Store, les vendeurs habillés de la même manière… Les employés ont cependant de bonnes raisons de croire que la boutique qui les emploie est une vraie, puisqu'**ELLE VEND D'AUTHENTIQUES PRODUITS APPLE !** Le hic pour les clients ? Les articles sont **VENDUS BIEN PLUS CHERS QUE DANS LES BOUTIQUES RÉELLES !** La marque à la pomme a porté plainte contre ces fausses boutiques, qui poussent comme des champignons. En attendant de savoir le sort qui leur est réservé, **CHOISISSEZ BIEN VOTRE ADRESSE** si vous souhaitez acheter un iPhone en Chine !

Cette jolie
fille habite
Laval.

CETTE JOLIE
FILLE AVALE
LA BITE.

CITATIONS

« Conseiller
est aisé, aider
est difficile. »

Proverbe chinois

Ce site va vous faire disparaître d'internet !

Vous en avez marre des sollicitations en tout genre sur votre boîte mails ? Vous aimeriez disparaître des écrans radars ? Vous le savez, une fois connecté à la technologie, il est très **difficile de se faire totalement oublier.** Vous avez créé des comptes au fil des années dont vous avez sans doute oublié parfois jusqu'à l'existence... C'est pour ça que Wille Dahlbo et Linus Unnebäck, deux développeurs suédois, se sont penchés sur le problème en créant le site Deseat.me. Pas besoin d'être un as de l'informatique pour l'utiliser : il suffit de vous connecter avec votre compte Google et de sélectionner **tous les comptes associés** que vous souhaitez voir disparaître. Le site utilise la technologie OAuth de Google, qui permet de **sécuriser les informations.** Ainsi, Deseat.me supprime ce que vous voulez, mais n'a accès à rien !

www.deseat.me

Le pouvoir d'achat dans le monde

En 2015, l'entreprise UBS a réalisé une étude pour mettre en avant les différences de pouvoir d'achat selon les villes de différents pays.

Ainsi, on apprend qu'un habitant de Kiev devra travailler **30 fois plus** qu'un Zurichois pour s'offrir un iPhone **6,** soit **627,2 heures** contre **20,6 heures** à Zürich. Un travailleur parisien devra quant à lui compter **42,2 heures** de labeur contre **24 heures** à New York.

À Hong Kong, il faut travailler seulement **9 minutes** pour pouvoir se payer un Big Mac chez McDonald's contre **11 minutes** à Zürich et Genève. Si vous travaillez à Nairobi, capitale du Kenya, il vous faudra **3 heures !**

POURQUOI DIT-ON... « PANAME » ?

Le panama désigne à l'origine un **chapeau porté par les ouvriers** qui creusaient le canal du même nom, à la fin du XIXe siècle. Très vite, les Parisiens adoptent l'accessoire de mode et en font **un signe d'élégance.** Paname devient alors le surnom de la ville des élégants. Après le scandale de Panama (affaire de corruption qui ruina des centaines de milliers d'épargnants), ce surnom désigne la ville des tentations, des illusions et des désillusions ! Selon les linguistes, on appellait déjà Paris Paname avant la Première Guerre mondiale, mais le surnom prend son essor avec une chanson : « Tu le r'verras, Paname ! » (vers 1916-1917). Autrefois, **on disait « Pantruche »** plutôt que Paname, mais ce mot disparaît définitivement à ce moment-là.

Humour

Pascal surprend Mario en train de jouer aux échecs avec son chien.

« Quoi ?! Ne me dis pas que ton chien sait jouer aux échecs ?

– Ben… Si…

– Mais il est super intelligent !!!

– Bof… pas tant que ça. Je mène quatre parties à deux ! »

TOP 10 des gens qui sont morts le mauvais jour

10 - John Dos Passos et Nasser : Qui connaît John Dos Passos aujourd'hui ? Les gens cultivés, certainement. Cet écrivain américain, mort le 28 septembre 1970, n'a pas été au centre de l'attention ce jour-là. Gamal Abdel Nasser, président de l'Égypte, est décédé le même jour et on ne parlait que de lui, ou presque.

9 - Farah Fawcett et Michael Jackson : Lorsqu'elle meurt le 25 juin 2009, l'actrice Farah Fawcett n'est plus tellement populaire auprès de la jeune génération. Et si ces jeunes avaient un instant eu l'envie d'en apprendre plus sur cette charmante blonde, leur esprit a vite été accaparé par une autre nouvelle : la mort de Michael Jackson, icône de la pop… De fait, tout le monde oublie la star des années 1970.

8 - Yul Brynner et Orson Welles : Tout le monde connaît Orson Welles, réalisateur du classique *Citizen Kane* (1941). En revanche, l'acteur Yul Brynner, mort le 10 octobre 1985 également, a **mené une vie plus discrète…** Et sa mort l'a été tout autant, du coup !

7 - Édith Piaf et Jean Cocteau : Ils étaient tous les deux très célèbres, mais il n'est pas toujours simple de partager à parts égales l'attention du peuple. Édith Piaf s'éteint le 10 octobre 1963. Sa mort n'est annoncée que le lendemain. Son ami **Jean Cocteau apprend la triste nouvelle** et annonce : « C'est le bateau qui achève de couler. C'est ma dernière journée sur cette Terre. » Il meurt des suites d'une crise cardiaque… le jour même. La France pleure déjà trop Édith pour pleurer assez Cocteau.

6 - Klaus Kinski et Freddie Mercury : Si le nom de Klaus Kinski évoque sans doute quelque chose aux cinéphiles, il n'est pas ce que l'on appelle un acteur populaire. Et **sa mort ne va pas améliorer les choses** puisqu'il a la malchance de décéder le 24 novembre 1991, le même jour qu'une star mondiale, le chanteur du groupe Queen, Freddie Mercury.

5 - Federico Fellini et River Phoenix : L'un était une légende du cinéma, l'autre n'a pas vraiment eu le temps de l'être. Federico Fellini, réalisateur de *La Dolce Vita* (1960), meurt le 31 octobre 1993. Tout comme le jeune acteur River Phoenix, **petit frère du célèbre Joaquin,** qui fait une overdose à Los Angeles. Il laisse derrière lui un souvenir impérissable dans *My Own Private Idaho* (1991) de Gus Van Sant, mais aussi chez Rob Reiner, Sidney Lumet et Steven Spielberg. Ce qui n'empêchera pas sa mort de passer presque inaperçue…

4 - Howard Hawks et Charlie Chaplin : On a beau s'appeler Howard Hawks et avoir réalisé *Scarface* (1932), pas facile de faire parler de soi lorsque l'on meurt quelques heures après Charlie Chaplin. Le 26 décembre 1977, la mort du réalisateur est passée sous silence face à celle du roi du muet…

3 - Joseph Staline et Sergueï Prokofiev : Coup de tonnerre le 5 mars 1953 : Joseph Staline meurt à Moscou. Dans la même ville, le même jour, un autre Russe célèbre passe l'arme à gauche : le compositeur Sergueï Prokofiev. On a préféré annoncer la mort du musicien **six jours plus tard,** histoire qu'elle soit un peu remarquée. Mais ça n'a pas tellement marché…

2 - Ingmar Bergman et Michelangelo Antonioni : Lorsque deux grands réalisateurs meurent le même jour, il est difficile d'évaluer lequel est plus pleuré que l'autre. D'ailleurs, dans ce cas, aucun n'a tiré la couverture à lui : le cinéaste suédois a bénéficié d'autant d'hommages que le cinéaste italien. C'est-à-dire, pas beaucoup ! Il faut dire que **Michel Serrault a mis tout le monde d'accord.** La mort de l'acteur, la veille, a monopolisé toute l'attention des Français.

1 - John F. Kennedy, C.S. Lewis et Aldous Huxley : Le 22 novembre 1963, John F. Kennedy est assassiné. On s'en souvient moins, mais c'est aussi le jour où sont morts les écrivains C.S. Lewis (auteur du *Monde de Narnia*) et Aldous Huxley (*Le Meilleur des mondes*). De manière évidente, **les circonstances de la mort du président** américain ont pris le dessus sur les autres disparitions. En 1982, ces morts simultanées ont fait l'objet d'**un roman dans lequel les trois célébrités se retrouvent** au purgatoire : *Between Heaven and Hell (Entre le paradis et l'enfer)* de Peter Kreeft. C'est déjà ça !

JEUX

MOTS MÊLÉS

Ô Paris !

Saurez-vous retrouver chacun des mots cachés dans ce tableau ?

Les mots peuvent être écrits horizontalement, verticalement, en diagonale ou à l'envers.

Mots à trouver :

1) ARRONDISSEMENTS
2) BASTILLE
3) BOUQUINISTES
4) CAPITALE
5) CITE
6) CONCORDE
7) CULTURE
8) FRANCE
9) LOUVRE
10) LUMIERES
11) LUTECE
12) METRO
13) OLYMPIA
14) PANTHEON
15) PARISIENS
16) POLLUTION
17) PONTS
18) REPUBLIQUE
19) RODIN
20) SEINE

JEUX

B	X	A	P	A	R	I	S	I	E	N	S	N	U	E	J	V	I
N	A	P	A	R	R	O	N	D	I	S	S	E	M	E	N	T	S
N	V	Q	D	U	S	S	U	Q	G	L	U	M	I	E	R	E	S
D	F	R	A	N	C	E	R	H	J	Y	O	A	G	X	W	W	N
S	V	U	U	P	E	U	O	N	J	E	E	R	V	U	O	L	H
H	E	S	G	O	U	Q	D	C	O	N	C	O	R	D	E	R	X
E	E	E	D	N	T	I	I	J	E	I	K	E	V	Ç	I	H	M
J	R	T	D	T	N	L	N	S	O	I	T	V	T	S	J	C	Q
W	U	S	E	S	Q	B	W	P	B	X	Q	U	T	U	Q	I	R
N	T	I	D	S	W	U	M	X	D	Y	N	B	L	E	L	E	M
I	L	N	O	A	I	P	M	Y	L	O	E	E	Ç	L	Q	V	D
C	U	I	V	Y	X	E	W	X	E	Y	Q	L	A	A	O	D	J
K	C	U	E	S	S	R	Y	H	R	O	D	L	X	T	N	P	E
H	M	Q	B	B	I	H	T	R	A	T	Ç	I	C	I	M	E	T
Z	E	U	Q	Q	T	N	B	A	Ç	D	Z	T	E	P	J	N	I
V	T	O	X	P	A	T	B	O	X	K	O	S	E	A	S	I	C
S	R	B	Ç	P	R	P	A	I	Z	B	O	A	Z	C	R	E	X
Ç	O	P	J	E	Y	Q	T	Q	J	Q	D	B	M	E	P	S	F

Solution page 613

CIEL
7
8
6
4
5
3
2
1

Que faire des queues de cerise ?

Vous aussi, vous êtes du genre à jeter les queues de cerise après avoir mangé le fruit ? Chaque année, 3 milliards de kilos de cerises sont produites dans le monde.

Imaginez le nombre de queues qui sont jetées !

Le WC Book va vous donner une bonne raison de les garder : en infusion, *elles soignent les cystites, la rétention d'eau et diminuent la cellulite !*

Mettez quatre cuillères à soupe de queues de cerise dans 50 centilitres d'eau bouillante. Laissez infuser 5 minutes avant de les retirer. Dégustez !

Quelle est la première chose que font **deux femmes** lorsqu'elles se croisent en voiture ?

Réponse :

Un constat !

« C'est une des superstitions de l'esprit humain d'avoir imaginé que la virginité pouvait être une vertu. »

Voltaire

Humour

Sur la plage, Mario, 6 ans, demande à sa mémé :

« Mémé ! Mémé ! Je peux jouer avec tes seins ?

– Ok Mario… mais ne t'éloigne pas trop ! »

LA POSTURE DU COBRA (BHUJANGASANA)

Essayez cette posture de yoga qui tonifie et favorise le bon fonctionnement des reins. Allongez-vous sur le ventre, menton au sol. Placez vos mains à hauteur des épaules, avant-bras collés sur le sol, jambes et pieds joints. Redressez-vous sur les bras en inspirant, bassin collé, bras parallèles et pieds joints. Rejetez la tête en arrière, puis revenez dans la position de départ en expirant.

JEUX

SUDOKU

6					3			1
	2		4			7		
	4		1	9				
	1				9			5
4		2				3		6
5			8				1	
				6	1		2	
		9			4		6	
1			7					9

Solution page 607

La drogue au cinéma

La drogue est un thème récurrent au cinéma : on ne compte plus les films qui l'ont pour sujet principal ou en toile de fond. Vous êtes-vous déjà demandé ce que prenaient les acteurs quand ***ils se droguaient à l'écran ?*** Les astuces des professionnels n'auront bientôt plus de secrets pour vous…
Par exemple, pour faire croire qu'un acteur sniffe de la cocaïne, c'est en général ***un mélange de fécule, de maïs et de talc*** que l'on utilise ! ***Inoffensif,*** ce cocktail crée une illusion parfaite.
Le lait en poudre peut également être employé, mais consommé en trop grande quantité, il peut provoquer des congestions. Alors, afin d'éviter que les acteurs qui refont les prises encore et encore n'en subissent les conséquences, de ***la vaseline est ajoutée*** au bout de la paille : ainsi, la substance reste collée avant d'atteindre la narine du comédien !
Ce même mélange est utilisé pour ***figurer l'héroïne en poudre.*** Lorsque l'héroïne doit être « cuisinée », les professionnels utilisent alors un savant mélange de bicarbonate combiné à du sucre. Quant à l'aiguille, vous vous en doutez, elle est fausse : ***elle s'enfonce dans la seringue*** au contact de la peau, au lieu de pénétrer l'épiderme de l'acteur.
Enfin, lorsqu'il s'agit de fumer de la marijuana à l'écran, il paraît que ***l'origan*** est un très bon subterfuge.

Source : *Konbini*

Nos bonnes Applis

Un texte, un jour : l'application pour (re)donner le goût de la lecture

La technologie a pris le pas sur les plaisirs simples de la vie, comme celui d'ouvrir un livre. Pour **lutter contre cette paresse** intellectuelle, Sarah Sauquet, jeune professeure de Français, a imaginé l'application **« Un texte, un jour ».** Quotidiennement, l'application propose un texte d'une quinzaine de lignes maximum, expliqué et commenté. Le but est simple : donner envie aux jeunes de découvrir **les grands classiques de la littérature,** tout en restant dans l'ère 2.0. Très pratique pour les élèves en période de révisions, l'application séduit aussi **les adultes cultivés.** La fondatrice de l'application est tellement persuadée de l'efficacité du concept qu'elle l'utilise elle-même pendant ses cours. Pour continuer à séduire les jeunes, la professeure a aussi développé l'aspect ludique de « Un texte, un jour », avec **des quiz de culture,** des jeux multijoueurs et la possibilité d'ajouter ses suggestions de textes !

Un texte, un jour - Gratuit
Disponible sur iPhone et iPad

Quel point
commun y a-t-il entre
une couturière, un parieur
et un Anglais ?

La couturière
s'pique le doigt, le parieur
s'pique au jeu et l'Anglais
speak english.

LES PAYS-BAS N'ONT PAS ASSEZ DE CRIMINELS...

Alors que le **TAUX DE CRIMINALITÉ AUX PAYS-BAS NE CESSE DE BAISSER,** le gouvernement néerlandais s'est vu obligé de prendre des mesures pour éviter le coût inutile des **PRISONS VIDES.** La première mesure a été la fermeture de 19 établissements. Le problème, c'est que ces fermetures ont entraîné la disparition de milliers d'emplois, augmentant ainsi le taux de chômage. Criminels ou chômeurs, faut-il choisir ? Non, la solution a, depuis, été toute trouvée : **LES PAYS-BAS LOUENT DÉSORMAIS DES CELLULES** pour les criminels norvégiens ! Une bonne solution, quand on sait qu'en 2014, **IL Y AVAIT PLUS DE GARDIENS DE PRISON QUE DE DÉTENUS !**

Il fallait
bien du courage
pour parvenir
au but.

IL FALLAIT
BIEN DU BOURRAGE
POUR PARVENIR
AU CUL.

CITATIONS

« Trop de paroles tuent l'action. »

Proverbe chinois

Le WEB du WCB

Le site qui liste les morts liées au *Black Friday*

Si le *Black Friday* n'est pas encore très populaire en France, sachez qu'aux États-Unis, c'est **une véritable institution !** Chaque année, le lendemain de Thanksgiving, ce « vendredi noir » est marqué par **des soldes exceptionnelles** dans tous les magasins du pays. Comme la plupart des Américains ne travaillent pas et font le pont, ils en profitent pour faire les boutiques… Mais vous le savez, faire les soldes peut parfois coûter cher. En patience, en temps, en *self-control*, en santé… et parfois, **ça peut coûter la vie !** Ainsi, le site blackfridaydeathcount.com recense les décès liés au *Black Friday*, année par année. Le site répertorie également les blessures subies pendant les cohues. Ainsi, on peut apprendre qu'en 2016, à Reno (Nevada), un homme en a tué un autre **pour… une place de parking**, dans un Walmart qui était ouvert toute la nuit pour l'occasion. À San Antonio, dans un autre magasin de cette grande enseigne, un homme a été abattu pour avoir aidé une femme qui se faisait tabasser, encore une fois pour une place de parking ! **Le rêve américain**, quoi !

www.blackfridaydeathcount.com

Combien de kilomètres un crayon peut-il écrire ?

Si vous deviez tracer un trait avec un crayon à papier jusqu'à épuisement de celui-ci, sachez qu'il serait long de **55 kilomètres !** Il resterait encore un bout de crayon, mais trop petit pour être taillé, donc inutilisable.

Cette distance correspondrait à **45 000 mots de la langue française,** avec des mots en moyenne composés de **4** ou **5 lettres.**

En termes de pagination, ça équivaut à environ **200 pages manuscrites.**

Bien sûr, le résultat de l'étude peut varier selon la qualité de la mine et la force avec laquelle vous appuyez sur le crayon... À titre comparatif, un critérium pourrait écrire **10 kilomètres,** un stylo à bille, **2 kilomètres,** et un stylo à plume, **1,4 kilomètres !**

Source : *Direct Matin*

« Docteur, voilà mon problème : les gens m'ignorent !

– Personne suivante, s'il vous plaît ! »

POURQUOI DIT-ON... « VERNISSAGE » ?

Lorsque l'on se rend à l'inauguration privée d'une exposition de peinture, on parle généralement de « vernissage ». À une époque, les peintres qui présentaient leurs œuvres dans les salons de peinture attendaient le dernier moment avant l'exposition pour les vernir. Les mondains venaient ensuite ***observer les œuvres*** et en discuter, mais surtout se montrer lors de la réception qui suivait la découverte de l'exposition. Aujourd'hui, cette inauguration privée reste ***un événement social*** et mondain lors duquel on invite des acquéreurs potentiels, mais aussi des proches. On parle aujourd'hui de vernissage en hommage à cette ancienne pratique qui consistait à ***appliquer le vernis à la dernière minute.*** Et l'expression vaut aussi pour les expositions photographiques, de sculptures ou encore culturelles en général.

Le site qui recense les manuels d'utilisation

Nous sommes tous les mêmes : à l'achat d'un nouvel objet, nous lisons (ou pas) le manuel d'utilisation une fois, la plupart du temps rapidement, avant de le mettre dans un tiroir. Mais voilà qu'un beau jour, **un problème survient** et, même en retournant la maison, on ne retrouve plus ladite notice… Ne réfléchissez pas plus longtemps : il y a de fortes chances pour qu'elle soit déjà **recyclée en papier toilette** ou en brique de lait ! Un jour de grand tri, vous avez sans doute déclaré que ce manuel ne servirait plus jamais. Erreur ! L'avantage que nous avons aujourd'hui, à l'ère numérique, c'est que **tout se retrouve toujours sur Internet.** Et pour faciliter la vie des gens qui ne gardent jamais ces précieux documents, un site les recense : Monsieur Manuel compile en effet **tous les manuels** de chaque modèle et de chaque marque ! Pour retrouver une notice précise, vous n'avez qu'à taper le modèle de votre appareil dans la barre de recherche et télécharger le document en pdf. Si vous ne connaissez pas le modèle exact, vous pouvez **chercher par marque,** mais aussi par type d'objets : électroménager, jouets, voitures, musique… Si vous n'avez pas besoin de garder ce manuel, vous pouvez également le consulter directement en ligne sur le site sans encombrer votre mémoire d'ordinateur. Enfin, si vous ne trouvez pas ce que vous cherchez, ne vous découragez pas : des dizaines de notices sont **ajoutées chaque jour !** En bref, Monsieur Manuel est un service gratuit bien utile…

www.monsieurmanuel.com

Recycler l'écorce de citron en poudre

Quand on réfléchit un peu, il est vrai qu'en cuisinant, on jette énormément de choses utiles : vert de poireaux, peau de pomme de terre, écorce d'agrumes… Pourtant, pour chaque aliment, il y a *au moins un moyen de le réutiliser !* Le WC Book va vous donner *l'astuce pour ne plus jamais jeter les écorces de citron* après en avoir utilisé le jus. Avant de presser votre citron, *retirez le zeste à l'aide d'un économe*. Faites attention : il ne faut pas prendre la partie blanche, trop amère. Une fois l'opération effectuée, *laissez sécher les écorces récupérées à l'air libre durant deux jours* dans un endroit sec. Profitez ensuite de l'utilisation de votre four pour autre chose et *mettez-y vos écorces à torréfier* durant le préchauffage. Surveillez bien qu'elles ne brûlent pas : elles doivent atteindre une couleur brun doré. Une fois torréfiées, laissez-les refroidir avant de les réduire en poudre. Conservez cette poudre au frais dans un pot en verre et au frais. Vous pourrez ensuite la *saupoudrer sur vos gâteaux, vos yaourts, vos glaces, vos salades de fruits*. . . Il n'y a aucune limite !

Francisco marche dans la rue avec un copain. Alors qu'ils attendent pour traverser, une voiture passe, dont le chauffeur klaxonne en faisant **un geste amical.** Jean-Jacques reconnaît immédiatement une de ses connaissances. Il lui fait un signe de la main et dit :

« **J'espère qu'il dort mal** avec toutes les morts qu'il doit avoir sur la conscience, lui !

– Comment ça ?!

– C'est mon concessionnaire auto… et il vend des voitures à des femmes. »

Humour

Un policier interroge un voleur :

« Pourquoi ne pas avoir rendu son portefeuille à cette dame ?

–Par instinct, monsieur l'inspecteur.

– L'instinct ? Quel instinct ?

– L'instinct de conservation ! »

« La célébrité, c'est bien ;
la postérité, c'est mieux. »

Frédéric Beigbeder

HA ! HA ! HA !
RACONTE-NOUS ENCORE
UNE PRÉHISTOIRE DRÔLE !

Qu'est-ce que ces phrases ont en commun ?

« Et la marine va, papa, venir à Malte. »

« Ésope reste ici et se repose. »

« Noël a trop par rapport à Léon. »

« Engage le jeu, que je le gagne. »

Réponse :

Ces phrases sont des palindromes. L'ordre des lettres reste le même, qu'on les lise de gauche à droite ou de droite à gauche.

LA SALUTATION À LA LUNE

Agenouillez-vous, asseyez-vous sur vos talons et posez vos mains sur vos cuisses. Serrez vos mains l'une contre l'autre à hauteur de la poitrine. Dressez-vous sur vos genoux. Avancez le pied droit devant vous, en le posant au sol. Inspirez. Tendez vos bras devant vous en expirant. Respirez, posez la main droite au sol, à côté de votre pied droit. Inspirez et levez la tête en regardant le ciel. Expirez et baissez la tête. Faites la même chose du côté gauche.

JEUX

SUDOKU

	3			5	6	8		1
	8	4		2				
1			4		3		7	
		5	8			7	6	
	9			7			5	
	7	3			1	4		
	6		3		2			7
				1		3	8	
3		1	7	9			2	

Solution page 607

Le saviez-vous ?

Il avait une vraie bonne raison d'inventer Netflix !

C'est à la suite d'***une amende de 40 $*** infligée par un vidéo-club que Reed Hasting aurait eu l'idée de créer Netflix ! En effet, le jeune homme avait ***oublié de rendre le DVD*** d'*Apollo 13,* film catastrophe de Ron Howard (1995). Une chose est sûre, avec ce système de location de films et séries en illimité, il n'est pas question de payer des pénalités de retard ! L'homme d'affaires a même déclaré à *USA Today : « Nous sommes modernes et, en tant qu'entreprise moderne, nous ne pratiquerons jamais de* ***pénalités de retard.*** *On a une autre estime du client que de* ***se comporter comme des flics*** *avec lui. »* Bon, évidemment, si vous n'avez pas assez d'argent pour payer votre abonnement ce mois-ci, il ne va pas vous en faire cadeau !

Réduire son empreinte carbone facilement

Les avancées technologiques peuvent faire peur, mais lorsqu'elles servent la planète et votre situation financière, elles peuvent aussi devenir vos amies ! Ainsi, avec l'application **Astuces Écolo,** gardez à portée de main **un tas d'astuces** pour changer votre mode de vie, grâce à des gestes simples. Après avoir répondu à **un questionnaire rapide** utile pour estimer votre empreinte carbone, l'application vous livre près de 300 astuces que vous ne regretterez pas de connaître. En plus de l'impact écologique de ces gestes simples, la plupart vous feront **économiser de l'argent !** Dans quelle poubelle jeter quoi ? Comment fabriquer un dentifrice artisanal écologique et économique ? Quels poissons consommer ? Tous ces petits gestes du quotidien sont rassemblés en une application qui vous fera vous sentir à la fois **maître de vos dépenses et utile à l'environnement !** Pensez à répondre au questionnaire régulièrement afin d'évaluer vos progrès. Même les plus écolos d'entre vous découvriront de nouvelles méthodes et astuces !

Astuces Écolo - Gratuit en version Lite
Disponible sur iPhone, iPad et iPadTouch

CITATIONS

« Reculez d'un pas et tout s'élargira spontanément. »

Proverbe chinois

Ces satins de jeunes mariées sont pudiques.

CES PUTAINS DE JEUNES MARIÉES SONT SADIQUES.

Humour

Le petit hérisson rentre chez lui avec son carnet de notes :

« Je te préviens papa ! Tu vas encore te mettre en boule ! »

Le WEB du WCB

Le site espion qui analyse vos clics avec humour

Ce n'est plus un secret pour personne : en naviguant sur Internet, **tous nos clics sont enregistrés,** analysés, classés, dans le but, entre autres, de proposer de la publicité ciblée. Deux sociétés néerlandaises se sont associées pour créer **un étrange site web** nommé Clickclickclick.click. Dès lors que vous êtes sur la page d'accueil, vos moindres faits et gestes sont commentés en anglais, de manière orale et écrite. Cette expérience vous place dans le rôle du cobaye. Ce site parvient à vous faire **réaliser l'importance des données collectées** lorsque les utilisateurs sont sur Internet. Les hésitations du curseur de la souris, sa trajectoire, sa vitesse, le nombre de clics et la nature des liens cliqués, etc. Clickclickclick.click se présente comme **une expérience ludique :** un gros bouton vert au centre, une page vierge au début, une jauge qui annonce votre pourcentage d'accomplissement. Un certain nombre d'actions sont attendues pour **faire monter la jauge à 100 % :** rester immobile pendant quelques minutes, double-cliquer, redescendre au bas de la liste des commentaires, rester sur le site durant une heure... Au fur et à mesure que vous avancez dans le test, la voix commence à cerner votre identité. Sexe, âge, occupations... Exactement comme lorsque vous surfez innocemment sur Internet ! Une vraie prise de conscience sur la manière dont notre comportement peut être surveillé...

Clickclickclick.click

JEUX

MOTS MÊLÉS

Poètes connus

Saurez-vous retrouver chacun des noms cachés dans ce tableau ?

Les mots peuvent être écrits horizontalement, verticalement, en diagonale ou à l'envers.

Mots à trouver :

1) ALLAN
2) ARAGON
3) BAUDELAIRE
4) BOILEAU
5) COCTEAU
6) COPPÉE
7) DESNOS
8) ELUARD
9) HOUELLEBECQ
10) JACOB
11) JAMMES
12) MAROT
13) PRÉVERT
14) QUENEAU
15) RIMBAUD
16) VALÉRY
17) VERLAINE
18) VIAN
19) VILLON
20) VOLTAIRE

JEUX

V	V	S	X	S	D	G	G	D	N	X	D	G	S	M	Ç	Z	D
R	V	Y	S	P	U	Q	C	Q	A	D	P	R	E	V	E	R	T
L	V	E	R	L	A	I	N	E	L	Y	A	R	A	G	O	N	Q
N	F	T	N	W	B	Ç	X	B	L	A	W	C	E	U	Y	F	D
O	R	C	E	A	M	P	S	L	A	K	C	O	P	P	E	E	U
L	N	T	C	I	I	K	U	T	J	U	P	C	V	S	I	K	V
L	E	W	V	Z	R	V	X	O	H	H	D	T	M	A	R	O	T
I	F	D	E	S	N	O	S	C	S	X	B	E	F	T	L	F	J
V	I	G	U	D	D	C	R	H	Z	E	U	A	L	T	O	K	E
W	L	N	J	A	R	R	H	E	Ç	Ç	C	U	A	A	L	K	S
Z	C	V	Y	I	E	E	A	J	B	Ç	Ç	I	K	H	I	A	U
L	D	C	Z	I	Z	L	Z	U	P	X	R	C	I	B	R	R	A
R	I	A	E	T	O	Q	I	M	L	E	C	W	K	O	A	Q	E
B	Q	D	Q	K	Ç	C	F	O	P	E	M	N	T	C	I	T	N
S	K	H	O	U	E	L	L	E	B	E	C	Q	Ç	A	L	Q	E
V	Ç	K	A	S	D	Y	U	Y	S	E	M	M	A	J	P	I	U
V	B	H	P	Z	Q	V	A	L	E	R	Y	Ç	Ç	P	E	P	Q
J	A	G	K	H	T	X	X	W	Z	M	C	Ç	Q	V	U	X	J

Solution page 613

Humour

« Tu connais la différence entre un citron, une tortue et un tube de Super Glue ?

– Non…

– Eh bien, le citron est pressé et la tortue ne l'est jamais !

– Ah oui ! Mais… et la Super Glue ?

– Alors là… C'est une colle ! »

Des chutes de météorites sur la Terre

Si la plupart sont aperçues sous forme d'étoiles filantes, des météorites s'écrasent régulièrement sur notre planète : chaque jour, **230 corps célestes** de plus de **10 grammes** tombent en moyenne, soit environ un toutes les **6 minutes.** Annuellement, ce sont en moyenne **40 météorites** de plus de **100 kilos** qui viennent heurter la Terre !

Chaque année, ce sont donc **84 000 météorites** qui viennent alourdir la Terre, qui reçoit entre **100** et **1 000 tonnes** par jour, soit **180 000 tonnes** par an ! La plupart des gens n'ont cependant pas l'occasion de voir un caillou de l'espace tomber, et pour cause : **85 à 90 %** des météorites tombent dans la mer ou dans les zones inhabitées. Les plus grosses se font plus rares. Ainsi, ce n'est que tous les **10 ans** qu'une météorite de plus de **10 000 kilos** s'échoue sur la Terre, tous les **99 ans** qu'un corps céleste de plus de **100 000 kilos** s'écrase et tous les **981 ans** pour les météorites de plus de **1 000 000 de kilos !**

POURQUOI DIT-ON... « VA TE FAIRE VOIR CHEZ LES GRECS ! » ?

C'est vrai ça, pourquoi n'irait-on pas se faire voir chez les Suisses, les Belges ou les Brésiliens ? Cette expression, employée à l'encontre de quelqu'un que l'on ne porte pas dans son cœur ou avec qui on a un différend, revient à ***l'envoyer promener*** en lui souhaitant de connaître le plaisir de la pénétration anale… Mais pourquoi la Grèce serait-elle le ***berceau de l'homosexualité masculine ?*** Pour tout comprendre, revenons au temps de la Grèce antique. À cette époque, les ***relations pédérastes*** étaient courantes et acceptées dans la haute société. L'homme plus âgé prenait sous son aile un enfant d'environ 12 ans, le formait à la vie sociale et ***lui apprenait la politique.*** Parfois, ils nouaient une relation intime, sans pour autant que ce soit systématique. Dès que l'adolescent devenait adulte, il était alors ***lâché dans la nature*** en tant qu'être autonome. Ironiquement, les relations homosexuelles entre deux adultes étaient interdites ! C'est donc en référence à cette période que l'expression « se faire voir chez les Grecs » est née au XXe siècle.

« Nous les stars
sommes la seule marchandise
qui ait le droit de s'absenter,
le soir, du magasin. »

Ava Gardner

TOP 10 des faits insolites sur les aliments

10 - L'eau de coco en intraveineuse : La composition de l'eau de coco est proche du plasma sanguin. Ainsi, durant la Seconde Guerre mondiale, elle a été administrée en intraveineuse en guise de transfusion de plasma !

9 - Manger un bretzel est un acte religieux : La forme du bretzel a été pensée pour ressembler à deux bras en position de prière. Inventé au VIe siècle, il était alors destiné à récompenser les enfants qui connaissaient leur prière.

8 - Des canneberges rebondissantes : Une fois mûres, les canneberges deviennent rebondissantes au même titre qu'une balle de caoutchouc ! Un bon moyen de savoir si elles sont prêtes à être mangées.

7 - Des cacahuètes explosives : Pour fabriquer de la dynamite, on utilise de la nitroglycérine obtenue à partir de glycérol, lui-même contenu dans l'huile d'arachide. Ainsi, il est possible de fabriquer de la dynamite maison avec des cacahuètes !

6 - L'ananas comme marque de politesse : L'ananas est considéré universellement comme le symbole de l'hospitalité. Offrir ce fruit à vos invités n'aura donc rien d'insolite, à condition qu'ils connaissent le sens de ce cadeau.

LES TOPS DU WCB

5 - Se droguer à la noix de muscade : Consommée à haute dose, la noix de muscade a des effets hallucinogènes.

4 - Des grenouilles dans du lait : Avant l'invention du réfrigérateur, les Russes mettaient des grenouilles dans leur lait pour le conserver. Des propriétés antimicrobiennes avaient effectivement été détectées sur la peau des *Rana Temporaria,* empêchant les bactéries de s'installer dans le lait !

3 - Le sushi norvégien : Si, aujourd'hui, le sushi est admis comme un plat japonais, il faut savoir que ce sont les Norvégiens qui ont importé le sushi au saumon au Japon !

2 - Des burgers aux cheveux : Les pains à burger servis dans les fast-foods ou vendus dans le commerce se conservent grâce à un aliment insolite, la L-cystéine, produite par le système capillaire humain.

1 - Se soigner au ketchup : Au XIXe siècle, le ketchup était avant tout un médicament contre la diarrhée.

Un homme qui
propose à sa femme
un plan à trois avec une
autre femme, c'est toujours
un homme qui plaisante.
Sauf si sa femme
dit oui !

« Il me semble
avoir démontré qu'entre
la célébrité et l'infamie il n'y
a qu'un pas, et peut-être
moins. »

Oscar Wilde

Vous êtes dans une prison.
Il y a trois portes.
Derrière la 1re porte, il y a 3 lions qui n'ont pas mangé depuis 100 ans.
Derrière la 2e porte, un grand feu se propage.
Derrière la 3e porte, il y a un labyrinthe où des centaines de monstres se promènent.

Quelle porte choisissez-vous ?

Réponse :
La 1re porte : les lions n'ayant pas mangé depuis 100 ans sont, bien sûr, morts. Donc, le chemin est libre !

TRAVERSEZ HARMONIEUSEMENT LA 5E SAISON

Selon la médecine chinoise, il y aurait une 5e saison : quinze jours entre l'hiver et le printemps, et quinze autres jours entre l'été et l'automne, pendant lesquels nous sommes vulnérables à la fois physiquement et psychologiquement. Voici quelques conseils pour maintenir l'équilibre :

1. Massez-vous le ventre chaque soir pour détendre votre estomac.
2. Faites une mini-cure détox.
3. Mangez moins et plus lentement.
4. Ne buvez pas pendant les repas.
5. Évitez les crudités.

JEUX

SUDOKU

5			6				9	
2			9	8		4		
		9		3		1		2
		7			2	6	8	1
3	5	8	1			2		
7		4		1		9		
		2		9	7			3
	3				6			7

Solution page 608

Le saviez-vous ?

La propagation des maladies mortelles aidée par le réchauffement climatique

Si le réchauffement climatique inquiète la communauté scientifique, ce n'est pas uniquement pour la fonte des glaces et la ***disparition de certaines espèces animales :*** les hommes pourraient être touchés également ! En effet, en 2014, les spécialistes russes soulevaient déjà un problème de taille à propos d'une bactérie potentiellement mortelle connue sous le nom d'***anthrax,*** amenée à être libérée par la fonte des glaces. En 2016, la sonnette d'alarme est de nouveau tirée. En Sibérie, fin juillet, les ***températures anormalement élevées*** ont en effet permis à la bactérie de se réveiller, alors qu'elle était enfermée dans la glace. Un petit garçon de 12 ans en est ***mort*** tandis que ***90 personnes ont dû être hospitalisées.*** Cette maladie se transmet par le biais du moustique Aedes (« moustique tigre ») qui, pour l'instant, ne vit qu'en Amérique du Sud, Amérique centrale et Asie du Sud. Or, la fonte des glaces entraînerait, selon les spécialistes, ***une migration et une prolifération*** de ces moustiques, qui suivraient les réserves d'eau stagnantes faites par les habitants en cas de sécheresse. Outre les moustiques, les tiques seraient également amenées à proliférer et, avec elles, un tas de maladies dangereuses, comme ***la maladie de Lyme,*** déjà bien présente. Et ce n'est pas fini : d'ici 2080, la tique porteuse de la maladie devrait gagner ***213 % de terrain au Canada.*** Le choléra, dont la propagation est favorisée par les eaux polluées, pourrait également revenir en force…

Source : *Dailygeekshow.com*

Un médecin regarde les analyses sanguines de son patient. Il demande à ce dernier :

« Ben… Dites-moi tout… Qu'est-ce que vous buvez ?

– Heu… Qu'est-ce que vous me proposez ? »

VOUS GARDEZ LA MÈCHE ?

Nos bonnes Applis

Pour les nostalgiques de l'argentique

Avec l'arrivée des appareils photo numériques, puis des smartphones et leurs images de qualité, l'argentique est devenu l'apanage des nostalgiques et des collectionneurs. Peut-être vous aussi, regrettez-vous le temps où, une fois prise, **la photo ne pouvait pas s'effacer ?** Si l'interminable attente avant de récupérer vos prises de vues vous manque, téléchargez l'application **Fotr.** Pensée pour retrouver le goût de l'ancien temps, **elle privilégie la qualité à la quantité.** Son utilisation simple devrait finir de vous séduire : vous choisissez d'abord votre pellicule, de 24 ou 36 poses, puis couleur ou noir et blanc, Fujifilm ou Kodak. Vous pouvez également **choisir un filtre,** comme sur Instagram, mais cette fois-ci, avant de prendre vos photos. Les filtres sont élaborés pour **ressembler aux anciennes pellicules** des différentes marques. À partir de là, toutes les images prises seront décomptées, comme sur une véritable pellicule… Une fois la bobine virtuelle terminée, toutes les photos sans exception seront développées et envoyées chez vous sous une dizaine de jours. **Comme au bon vieux temps !** Fotr coûte entre 15 et 30 euros selon la formule adoptée, mais c'est le prix à payer pour retrouver le plaisir de capturer l'instant.

Fotr - Entre 15 et 30 euros selon la formule choisie
Disponible sur iPhone

QUAND LA PUNITION SE TRANSFORME EN MÉDITATION

Nous avons tous des souvenirs très différents des punitions à l'école. Les plus anciens se souviennent **DES COUPS DE RÈGLE SUR LES DOIGTS,** d'autres vous parleront des lignes à recopier ou **DES HEURES DE COLLE...** Mais certains élèves expérimentent une toute nouvelle forme de punition : **LA MÉDITATION !** C'est la Robert W. Coleman Elementary School qui a mis au point cette nouvelle méthode révolutionnaire. Et il paraît qu'elle est très efficace ! Dans une salle uniquement dédiée à la méditation, les élèves turbulents sont invités à discuter des raisons pour lesquelles ils se retrouvent exclus de la classe. Ensuite, ils doivent **SUIVRE DES COURS DE RELAXATION** et de yoga durant 20 minutes. Rien de tel pour évacuer leur stress et **TRANSFORMER LEUR ÉNERGIE EN FORCE POSITIVE :** apaisés, ils peuvent regagner la classe. La salle de relaxation n'est pas uniquement réservée aux punis. Les élèves souffrant de stress ou d'angoisse peuvent très bien s'y présenter et suivre, eux aussi, les cours du spécialiste. Seul l'avenir nous dira si la méditation est la punition de demain. À Baltimore, en tout cas, on médite sur le sujet.

Le chercheur
est fatigué après
une belle thèse.

LE CHERCHEUR
EST FATIGUÉ APRÈS
UNE TELLE BAISE.

DRÔLE DE COÏNCIDENCE :

Brad Pitt s'est blessé au talon d'Achille lors du tournage du film *Troie* (2004) !

Fobo : votre bouteille a une histoire !

La marque de bière Heineken a lancé Fobo, la **bouteille éco-responsable.** Une fois bue, elle est consignée afin d'être de nouveau utilisée dans un bar, une brasserie ou un restaurant. En renonçant à la bouteille à usage unique, **Heineken réduit son empreinte carbone** de 74 % ! Le nom de cette bouteille écolo vient de *« fowardable bottle »*, c'est-à-dire « bouteille traçable » en français. « Tout ça, c'est bien, mais qu'est-ce que ça vient faire dans une rubrique consacrée au web ? », nous direz-vous. Eh bien, sachez que, grâce à un code affiché sur cette Fobo, vous pouvez accéder, cher consommateur, à **l'historique de votre contenant !** Mieux encore, les précédents utilisateurs de votre bouteille vous ont peut-être **laissé un message !** Pour le lire, rendez-vous sur fobo.heineken.fr : avec le code, vous découvrirez les messages, mais vous pourrez aussi en laisser un pour votre successeur ! Un moyen ludique pour sensibiliser les consommateurs à l'éco-responsabilité. Bien sûr, le WC Book vous rappelle que l'abus d'alcool est dangereux pour la santé. La bouteille verte est donc à consommer avec modération, même si alcoolo rime avec écolo !

https://fobo.heineken.fr

4 tours du monde à pied dans une vie !

Si l'être humain marche aujourd'hui beaucoup moins que ses ancêtres grâce à la popularisation des véhicules à moteur, le bipède n'en reste pas moins un grand marcheur. Ainsi, selon l'OMS (Organisation mondiale de la santé), nous ferions en moyenne **7 500 pas** par jour.

Chaque pas étant long d'environ **80 centimètres,** nous marcherions environ **2 190 kilomètres** en un an. Rapporté à l'échelle d'une vie de durée moyenne, chaque être humain fait ainsi un peu plus de **4 tours du monde !**

Rappelons que l'OMS préconise de faire **10 000 pas quotidiens,** soit une distance de **8 kilomètres.** Seulement **25 % des Français** respecteraient ce conseil.

POURQUOI DIT-ON... QUE L'AFRIQUE EST LE BERCEAU DE L'HUMANITÉ ?

Selon les paléontologues, c'est en Afrique que serait apparu **l'homme moderne,** tel qu'il est connu aujourd'hui. Le squelette de Lucy, vieux de 3,5 millions d'années a été découvert en Éthiopie en 1974. Lucy sera pendant longtemps considérée comme **notre ancêtre à tous.** La découverte du crâne de Toumaï, au Tchad, en 2001, va changer la donne. Âgé de 7 millions d'années, Toumaï est considéré par de nombreux spécialistes comme le représentant de **premières espèces de la lignée humaine.** D'autres lignées d'hominidés ont été découvertes en Afrique, ce qui fait dire à de nombreux paléontologues que c'est sur ce continent que l'humanité est née.

Réutiliser son jus de cornichons

Une fois le pot de cornichons terminé, le premier réflexe est de le jeter à la poubelle. Erreur ! *Il y a tant de choses à faire avec le jus*... Voici quelques exemples qui vous séduiront sans doute :

- Utilisez-le *dans vos vinaigrettes*. Le goût n'en sera que meilleur et surtout, plus original ! De quoi étonner vos amis.
- *Faites mariner d'autres légumes* tels que des poivrons, des aubergines ou des tomates. Vous pouvez aussi *tenter l'exotisme en imitant les Japonais* et leur kimchi (gingembre) mariné. Pour ce faire, coupez les légumes à la taille de votre choix, faites chauffer le jus, puis laissez tiédir. Mettez le tout dans le bocal et patientez quelques jours.
- Essayez les *« pickle eggs »* : il s'agit d'œufs durs marinés dans le vinaigre de cornichons. Après les avoir fait cuire, enlevez la coquille, mettez-les dans le pot et attendez quelques jours. Cette spécialité anglaise un peu oubliée faisait *le délice des clients dans les pubs*.
- Il paraît que *l'ingrédient secret du Bloody Mary* parfait est le jus de cornichons. Voilà une bonne excuse pour boire un bon cocktail ce soir !

TOP 5 des gestes écologiques pour les geeks

Nous sommes à l'ère du numérique, mais rester à la page n'empêche pas de garder l'esprit écolo. Voici le TOP 5 des gestes à adopter pour réduire son impact sur l'environnement :

5 - Ne pas jeter ses appareils électroniques n'importe où : Si le tri du papier, du carton et autres plastiques est monnaie courante, trop peu nombreux sont les utilisateurs d'outils numériques à recycler leurs déchets. Ainsi, renseignez-vous sur les points de collecte près de chez vous avant de jeter un ordinateur ou une tablette directement dans la poubelle !

4 - Débrancher ses appareils après utilisation réduit considérablement la dépense en énergie. Les téléphones qui chargent toute la nuit, les ordinateurs en veille et même les box Internet branchées 24 h/24 sont à bannir ! Au-delà de l'acte écolo, vous verrez la différence sur votre facture d'électricité.

3 - Vider sa boîte mails régulièrement contribue à réduire l'émission de gaz à effet de serre. Pour vous donner une idée, sachez que 30 mails conservés un an consomment autant d'énergie qu'une ampoule allumée toute une journée. Regardez le nombre de messages non lus ou inutiles dans votre boîte et faites le calcul…

2 - Regarder ses programmes télé en direct plutôt qu'en différé : même si le streaming est légal, sachez qu'il vaut mieux privilégier la télévision ! Au même titre qu'il est plus écolo d'acheter un CD que d'écouter plusieurs fois la même chanson sur Internet…

1 - Évitez les moteurs de recherche quand vous le pouvez. Si vous connaissez l'adresse du site Internet recherché, tapez-la directement. Mieux encore : si vous allez régulièrement sur un même site, il vaut mieux l'ajouter à vos favoris. Cette opération diviserait par 4 l'émission des gaz à effet de serre ! Enfin, renseignez-vous sur le moteur de recherche Ecosia. 80 % des bénéfices publicitaires de cette start-up allemande sont reversés dans une opération de plantation d'arbres au Burkina Faso. Des recherches, oui, mais écologiques et éthiques !

C'est l'histoire d'un nain qui a 53 enfants…

Elle est courte, mais elle est bonne !

Quel est le seul boulot qui permet de **retourner au bureau** après s'être fait virer ?

Réponse :
Conseiller Pôle Emploi

CITATIONS

« La gloire est un vêtement de lumière qui ne s'ajuste qu'aux mesures des morts. »

Pierre Reverdy

Votre médecin vous a prescrit 8 pilules à prendre, 1 cachet tous les quarts d'heure.

Combien de temps vous faudra-t-il pour prendre vos cachets ?

Réponse :
1 h 45.

MANGEZ COLORÉ POUR UN MEILLEUR BIEN-ÊTRE

- Pour mieux faire face aux événements de la vie (chakra du plexus solaire), mangez jaune : citron, ananas…
- Pour renforcer l'équilibre émotionnel (chakra du cœur), mangez vert en faisant le plein de légumes.
- Pour faciliter l'expression (5e chakra), mangez bleu en ajoutant un peu de spiruline dans vos plats.
- Pour favoriser la spiritualité (7e chakra), mangez violet en consommant de la betterave.

SUDOKU

					1			5
	9		2	6		1		
8				5	9		4	
		9	3					
	3	2				8	5	
					5	9		
	4		5	7				1
		1		9	2		7	
7			6					

Solution page 608

CITATIONS

« Il est plus facile
de désintégrer un atome
qu'un préjugé. »

Albert Einstein

Il court,
il court, le furet.

IL FOURRE,
IL FOURRE, LE CURÉ.

Le saviez-vous ?

Jusqu'où pourriez-vous monter sur l'échelle de Scoville ?

En 1912, le pharmacologue américain Wilbur Scoville se lance dans des recherches sur la pipérine, autrement dit la molécule qui provoque la ***sensation de piquant,*** puis la capsaïcine, qui provoque la sensation de chaleur dans les aliments. Ses analyses vont le conduire à ***classer les différents piments*** selon une échelle, bientôt appelée « échelle de Scoville ». Pour établir ce classement, le scientifique prépare une purée d'un piment mélangé à de l'eau sucrée. ***Cinq personnes goûtent*** alors la mixture, puis le scientifique dilue le piment dans l'eau tant que le mélange pique encore. La valeur de la dilution du piment sert donc ***d'unité de mesure :*** c'est l'unité Scoville. Pour simplifier les résultats et les interpréter dans le cadre culinaire, l'échelle de Scoville a été organisée en 10 degrés. Le 1er degré étant le poivron, très peu piquant et le 10e étant le piment habanero, considéré comme ***« explosif » !***

Le saviez-vous ?

Échelle de Scoville simplifiée :

0 - ***Neutre :*** Poivron
1 - ***Doux :*** Paprika doux
2 - ***Chaleureux :*** Piment d'Anaheim
3 - ***Relevé :*** Piment Ancho
4 - ***Chaud :*** Piment d'Espelette
5 - ***Fort :*** Piment Chimayo
6 - ***Ardent :*** Paprika fort
7 - ***Brûlant :*** Piment Cascabel
8 - ***Torride :*** Piment de Cayenne
9 - ***Volcanique :*** Piment Tabasco
10 - ***Explosif :*** Piment habanero

Tommy Lee Jones et **Al Gore** partageaient la même chambre universitaire à Harvard.

C'est la fesse droite qui téléphone à la fesse gauche et qui lui dit :

« Dites donc, vous ne trouvez pas que ça sent mauvais dans le couloir ? »

JACK TALONS-À-RESSORT : LÉGENDE OU RÉALITÉ ?

Depuis la nuit des temps, les hommes aiment se raconter des histoires. Ainsi, quand le **PERSONNAGE DE JACK TALONS-À-RESSORT** fait son apparition dans les conversations londoniennes, l'histoire prend très vite de l'ampleur… Tout débute en 1837, lorsqu'un homme d'affaires qui rentre chez lui après le travail est surpris par **LA PRÉSENCE D'UN HOMME GRAND ET MINCE AU RIRE SOURNOIS,** aux mains crochues, aux yeux rouges et aux traits diaboliques. Le plus étonnant dans cette apparition est le fait que l'homme mystérieux ait pu **SAUTER EN UN BOND LA GRANDE GRILLE D'UN CIMETIÈRE** sans difficulté. De quoi passer pour un fou en racontant cette rencontre nocturne à ses amis ! L'affaire aurait pu s'arrêter là, mais la même année, **UNE FEMME RACONTE AVOIR ÉTÉ AGRESSÉE** par un homme pourvu de griffes et dont les mains étaient **AUSSI FROIDES QUE CELLES D'UN CADAVRE.** Le lendemain, l'homme « monté sur des ressorts » surgit au passage d'une voiture, provoquant une sortie de route. Selon plusieurs témoignages, il se serait enfui en **BONDISSANT PAR-DESSUS UN MUR** haut de 2,70 m ! Des faits similaires se répètent jusqu'à ce que la presse s'empare du sujet : l'homme mystère devient alors pour tout le monde Jack Talons-à-Ressort !

Un homme nommé Thomas Millbank se fait arrêter après avoir **CONFESSÉ ÊTRE L'AGRESSEUR BONDISSANT.** Une blouse blanche et un long manteau correspondant aux descriptions sont retrouvés en sa possession, mais il est vite relâché. La raison ? **LE SUSPECT NE SAIT PAS SOUFFLER LE FEU,** contrairement à Jack Talons-à-Ressort ! Ce dernier ne tarde pas à devenir un personnage emblématique de la **CULTURE POPULAIRE,** personne ne sachant réellement s'il a existé. Les méfaits de ce diablotin sauteur sont observés jusqu'en 1904, et ce dans diverses communes d'Angleterre. Les théories se multiplient, certains criant à l'hystérie collective, d'autres pensant à une farce d'un seul homme plus tard imité par d'autres. On raconte même que **JACK L'ÉVENTREUR AURAIT PU S'INSPIRER DE SON MODÈLE** Jack Talons-à-Ressort… Aujourd'hui encore, rien n'atteste ni ne réfute l'existence de cet homme.

MOTS MÊLÉS

Poissons de mer

Saurez-vous retrouver chacun des mots cachés dans ce tableau ?

Les mots peuvent être écrits horizontalement, verticalement, en diagonale ou à l'envers.

Mots à trouver :

1) ANCHOIS
2) ANGUILLE
3) BAR
4) CAPELAN
5) DORADE
6) ESPADON
7) GIRELLE
8) HADDOCK
9) HARENG
10) LIEU
11) LIMANDE
12) LOTTE
13) MAQUEREAU
14) MORUE
15) RASCASSE
16) SARDINE
17) SAUMON
18) THON
19) TRUITE
20) TURBOT

JEUX

C	H	Y	T	G	I	R	E	L	L	E	E	P	N	R	Z	O	Ç
H	H	Y	R	C	L	S	I	O	H	C	N	A	I	H	B	A	E
M	A	A	L	A	Q	Ç	T	D	N	F	I	Q	R	D	Y	G	W
V	R	Z	D	D	S	T	J	Q	E	W	L	A	N	I	T	S	T
C	E	R	R	D	E	C	S	I	E	Q	F	G	F	R	E	X	W
A	N	E	T	E	O	Ç	A	S	A	V	J	U	U	M	Z	S	U
B	G	A	N	V	J	C	P	S	X	J	O	I	S	O	C	C	J
Y	K	V	M	I	E	A	K	H	S	E	T	G	Z	F	U	W	M
A	M	I	F	Y	D	N	F	U	A	E	R	E	U	Q	A	M	Y
G	N	T	A	O	N	R	D	P	M	Q	P	P	V	U	O	R	G
X	Ç	G	N	K	A	X	A	E	Z	D	T	I	S	E	I	A	Ç
Z	T	Q	U	S	M	A	A	S	I	N	O	M	U	A	S	B	M
P	O	O	E	I	I	I	T	L	L	P	E	R	E	O	O	G	A
P	B	V	I	Q	L	M	F	K	F	P	U	D	A	W	Q	F	V
K	R	G	L	F	W	L	H	X	N	H	R	R	O	D	M	S	Ç
W	U	C	Ç	F	B	B	E	D	Ç	O	O	A	J	I	E	X	D
H	T	T	P	T	H	O	N	H	R	R	M	U	J	C	H	P	J
C	A	P	E	L	A	N	G	X	C	E	E	R	F	D	G	J	J

Solution page 614

CONSÉQUENCE DU RÉCHAUFFEMENT CLIMATIQUE

« J'ai compris pourquoi les stars sont payées si cher. C'est parce qu'elles doivent endurer toutes les conneries qu'on peut écrire sur elles. »

Leonardo DiCaprio

Trucs et Astuces

Dire naturellement stop à la cellulite

Vous avez tout essayé pour vous débarrasser de la cellulite, aussi familièrement appelée « peau d'orange » ? Sachez qu'il existe *une solution simple et naturelle qui serait bien plus efficace* que les crèmes et autres pilules miracles... C'est le jus de citron !

– *Pressez un citron* dans un verre d'eau tiède. Mélangez bien.
– *Buvez au réveil*, une demi-heure avant votre petit déjeuner.

Veillez à ne rien boire ni manger d'autre dans les 30 minutes qui suivent, c'est la seule contrainte... *Les effets seraient visibles dès 10 jours*. L'effet diurétique du citron n'est plus à prouver. Il permet *d'éliminer les toxines*, mais aussi les amas de graisse (la cellulite, en d'autres termes) qui empêchaient jusque-là les toxines de disparaître. En résumé, c'est un cercle vertueux ! Attention, sans une alimentation saine et équilibrée, votre cellulite sera récalcitrante : le citron n'est pas une potion magique !

Lucas croise un copain dans la rue et lui demande :

« Tiens, t'es pas venu à la **soirée déguisée** de Kévin, comment ça se fait ?

– Ben si, j'étais là !

– Comment ça ? Personne ne t'a vu !

– J'étais **déguisé en Point G.** Personne ne m'a trouvé. »

CITATIONS

« La célébrité m'a apporté un gros avantage : les femmes qui me disent non sont plus belles qu'autrefois. »

Woody Allen

Divisez 30 par 1/2, ensuite ajoutez 35 au résultat.

Combien cela fait-il ?

Réponse :

Normalement, vous avez obtenu 95 :

$30 : 1/2 = 30 \times 2 = 60$

$60 + 35 = 95$

FAITES LE PLEIN D'IONS NÉGATIFS !

L'air est chargé d'ions positifs et négatifs. Les ions négatifs atténuent les états de stress et améliorent le sommeil. En ville, ils sont détruits par la pollution : on trouve surtout des ions positifs qui rendent irritable, fatigué... Pour faire le plein d'ions négatifs, allez à la mer, à la campagne ou à la montagne. Vous pouvez aussi acheter un ioniseur que vous placerez au pied de votre lit.

JEUX

SUDOKU

		9	2			4		
	7							
2		5	8			1		9
		7		8	3		5	
	3		6	7		8		
9		2			8	5		4
							8	
		4			2	7		

Solution page 608

Le saviez-vous ?

Non, les chiens ne sont pas idiots !

Bien sûr, le chien est le meilleur ami de l'homme. Mais cet ami canin ***est-il idiot ?*** Des chercheurs sont parvenus à prouver que non. Ils ont en effet découvert que les canidés utilisent le ***même processus cérébral*** pour analyser les mots et les intonations. Pour faire cette découverte, les spécialistes ont utilisé 13 chiens qu'ils ont fait s'allonger, immobiles, derrière un scanner à imagerie par résonance magnétique fonctionnelle. Là, ***chaque maître s'est adressé à son chien*** en termes élogieux, avec une intonation en conséquence. Ensuite, ces mêmes termes ont été prononcés sur un ton neutre. Pendant ce temps-là, le scanner a pu ***analyser les zones du cerveau*** activées par les deux différents discours. Le résultat démontre que la zone gauche du cerveau canin est active, peu importe l'intonation du maître. Cependant, une zone de l'hémisphère droit ne s'active que lorsque le ton est propice, à savoir uniquement ***quand les éloges sont dits sur un ton… d'éloge !*** La preuve par l'augmentation de dopamine, hormones du plaisir, dans les zones cérébrales concernées ! Les deux parties du cerveau fonctionnent ensuite de concert en rapprochant leurs informations et en en tirant une conclusion logique : si l'éloge est dit avec le ton idoine, ***le chien sait qu'il aura probablement une récompense.*** S'il reconnaît un mot mais que le ton semble inapproprié, il ne réagit pas. Cette capacité à traiter les informations en fonction du ton employé pour les transmettre n'est donc ***plus exclusive aux hommes et aux primates.***

De l'utilité des Savoirs Inutiles

Quiconque connaît le magazine *Néon* connaît sa capacité à **vous livrer diverses informations** loufoques, amusantes et inutiles. C'est d'ailleurs l'objet d'une rubrique entière dans le mensuel ! Sur ce même principe, la rédaction a imaginé une application qui vous délivre **5 savoirs inutiles par jour,** pour vous faire patienter entre deux sorties du mensuel papier ! Sur une interface colorée et très simple d'utilisation et colorée, vous apprendrez **des anecdotes insolites** et des informations décalées dans tous les domaines. Parfait pour briller en société et idéal pour animer une soirée un peu dépourvue de sujets de conversation ! **Les Savoirs Inutiles** vous permet aussi de « liker » et de partager chaque information avec vos amis.

Les Savoirs Inutiles - Gratuit
Disponible sur iOS et Android

Robert arrive la tête ensanglantée à l'hôpital.

L'infirmière s'occupe bien de lui et, au bout de 2 heures, lui demande :

« J'ai lu sur votre fiche d'admission que vous étiez marié. Votre femme vous manque-t-elle ?

– D'habitude oui, mais cette fois-ci, elle ne m'a pas loupé ! »

UNE CÉRÉMONIE DES OSCARS, MAIS POUR... LES TOILETTES !

LES JAPONAIS SONT EN AVANCE sur leur temps, ce n'est pas nouveau. Saviez-vous qu'il y a deux ans, le pays du Soleil Levant a instauré une nouvelle récompense : **LE TROPHÉE DES MEILLEURES TOILETTES ?** Cette compétition a été mise en place pour mettre en avant l'avancée sociale, mais aussi **POUR AMÉLIORER... LE DROIT DES FEMMES.** « Des toilettes agréables améliorent la qualité de vie et encouragent la promotion des femmes », a assuré la ministre de la Condition féminine à l'occasion de la première remise des prix. Mais alors, quels sont les critères de récompense ? L'originalité, l'ingéniosité, l'utilité... En 2015, la liste des gagnants inclut les inventeurs de toilettes de fortune sûres pour femmes et enfants, imaginées **APRÈS LE SÉISME ET LE TSUNAMI** de 2011. Une autre équipe a obtenu un prix pour avoir rendu **LES TOILETTES PLUS ATTRACTIVES ET FONCTIONNELLES,** en y aménageant un espace d'allaitement pour les jeunes mamans. Cette nouvelle compétition **NE FAIT PAS L'UNANIMITÉ** auprès des Japonais, qui pensent que le gouvernement se trompe sur la manière de régler les problèmes de la condition féminine. Le débat est ouvert !

Source : *Madame.lefigaro.fr*

Contrepèteries

Alors que
les athées se
battent, les abbés
se taisent.

**ALORS QUE LES
ABBÉS SE TÂTENT,
LES ATHÉES SE
BAISENT.**

LES STARS DE MOINS DE 1,60 M :

1,52 m	Kylie Minogue, Chandra Wilson, Jada Pinkett Smith et Kourtney Kardashian
1,53 m	Ariana Grande et Hayden Panettiere
1,55 m	Avril Lavigne, Karrueche Tran, Hilary Duff, Nicole Richie et Maisie Williams
1,57 m	Eva Longoria, Nicki Minaj, Keyshia Cole, Emma Roberts, Emilia Clarke, Jhené Aiko, Lady Gaga, Zoë Kravitz, Carly Rae Jepsen, Lily Allen, Lucy Hale, Geri Halliwell et Shakira
1,59 m	Kim Kardashian, Lea Michele, FKA twigs, Christina Aguilera, Sarah Jessica Parker et Rebel Wilson

La réussite n'est pas une histoire de taille, c'est le cas de le dire !

Des vêtements de grandes marques en location !

C'est cruel, mais véridique : face à la mode, nous ne sommes pas financièrement tous égaux. Malgré cela, de temps en temps, vous aimeriez bien **porter une robe de haute couture** ou arborer un sac de créateur sans finir le mois en mangeant des pâtes au beurre… C'est justement pour cette raison que lafashionlib.fr a été créé ! Ce site Internet permet la location **de vêtements** et d'accessoires de marques entre particuliers, par tranche de 6 jours. Pour faciliter les échanges, le site vous permet de vous géolocaliser : vous trouverez les vêtements disponibles près de chez vous, pour une transaction en mains propres. Si aucun vêtement n'est en location près de vous, vous pouvez aussi **vous le faire envoyer par la poste !** Chaque location est assurée par MMA et nécessite un chèque de caution non encaissé. Idéal pour celles qui ont trop de vêtements mais qui ne veulent pas s'en séparer : les mettre en location pour les rentabiliser, c'est le meilleur compromis possible ! Si au contraire, vous êtes de celles qui n'ont jamais rien à se mettre, avec lafashionlib.fr, vous aurez **toujours de quoi vous habiller !** De nombreuses marques sont disponibles sur le site, selon les articles mis en ligne par les particuliers. Ne plus jamais porter deux fois la même robe, c'est désormais possible grâce à la *Fashion Week Web !*

https://lafashionlib.fr

Qui est beau, qui est laid ?

Grâce au site de rencontres *Beautiful People,* qui n'accepte que les gens jugés beaux, on peut désormais avoir une idée de la beauté des habitants de chaque pays...

Ainsi, on sait que les Anglais seraient plutôt moches, puisque seulement **12 % des hommes** ont été acceptés ! Les Anglaises font un peu mieux avec **15 % de taux d'acceptation.** Les plus belles femmes seraient ainsi norvégiennes, puisque **76 % des inscriptions** ont été validées. Juste derrière, ce sont les hommes suédois, dont **65 % des tentatives** d'inscription ont été fructueuses. Côté français, **35 % des femmes** ont été acceptées contre **20 % des hommes.** Pour savoir si vous passez le test de beautifulpeople.com, il suffit de vous inscrire et d'attendre **48 heures.** Pendant ces **2 jours,** les membres déjà admis jugent si votre physique vous permet de trouver l'amour parmi la crème de la crème ! Il y a quelque temps, environ **5 000 membres** du site ont été bannis parce qu'ils avaient pris du poids !

POURQUOI DIT-ON... « MIDINETTE » ?

Aujourd'hui, se faire traiter de « midinette » n'a rien de valorisant : naïve, la midinette s'émerveille d'un rien, elle est **sentimentale** mais aussi bien souvent **frivole.** Pourtant, il fut un temps où faire partie des midinettes était plutôt un atout. Le mot est employé pour la première fois en 1890 par un journaliste pour nommer les jeunes ***couturières des grandes maisons parisiennes.*** À cette époque, la midinette vient souvent d'un milieu modeste, mais elle fait au mieux pour ***rester à la pointe de la mode*** et être élégante en toutes circonstances. Les couturières se retrouvaient alors à la pause déjeuner de midi dans les parcs parisiens pour faire « dînette », c'est-à-dire manger un repas frugal. Eh oui, les midinettes faisaient attention à leur ligne ! Du coup, ***la contraction de « midi » et « dînette »*** a donné le mot « midinette », qui désignait alors des jeunes femmes travailleuses, minces, distinguées et vêtues selon les dernières tendances.

« Tout être différent, sortant de la norme, est considéré comme fou. »

Éric Cantona

Si vous aviez
le choix entre mourir
percuté par un train
et écouter Christophe
Maé en boucle, vous
préféreriez un TGV
ou un TER ?

Pourquoi les araignées sortent-elles en septembre ?

Vous l'aurez peut-être remarqué, surtout si vous êtes arachnophobe : ***les araignées sont plus nombreuses*** quand arrive le mois de septembre. Comment s'explique ce phénomène ? Non, les araignées ne font pas leur rentrée des classes comme le font les élèves, il s'agit plutôt d'une raison biologique. L'automne est la ***saison de la reproduction*** chez ces petites bêtes. C'est donc tout naturellement que les mâles sortent de leur cachette en septembre, en quête d'une jolie femelle à féconder. La vérité, c'est ***qu'il y a autant d'araignées en hiver*** qu'au printemps, en été ou en automne (environ 1 500 dans les maisons les plus propres !) : elles sortent juste en septembre pour trouver l'amour ! De quoi vous faire culpabiliser de les écraser, non ?

TOP 10 des trucs qui ont moins d'un siècle

10 - Boris Vian : S'il était encore vivant, il aurait moins de 100 ans, puisqu'il est né en 1920.

9 - Les antibiotiques : La pénicilline ayant été découverte en 1928, nos chers antibiotiques ne sont pas apparus avant les années 1940.

8 - La fin de la Première Guerre mondiale : comme chacun sait, l'armistice a été signé le 11 novembre 1918 et n'a pas encore un siècle.

7 - Le mot « cellulite » : C'est en effet le magazine Vogue qui aurait inventé ce mot en 1968.

6 - Le concept d'adolescence : Avant 1944, il n'y avait aucun mot pour qualifier ces êtres humains qui ne sont plus des enfants mais pas encore des adultes. Il faut dire que l'on se mariait très jeune et que, souvent, on ratait cette étape intermédiaire.

5 - La décomplexion face au principe de masturbation : Jusqu'à la fin du XIXe siècle, certains pensaient que manger de bons plats pouvait encourager la masturbation tandis qu'une alimentation fade coupait l'envie. Il faut attendre la révolution sexuelle des années 1970 pour qu'elle soit banalisée, voire encouragée.

4 - La crème solaire : Le premier usage d'une crème destinée à se protéger du soleil est daté de 1928 aux États-Unis.

3 - Les congés payés : Qui dit crème solaire, dit plage, donc congés payés. Sauf qu'avant 1936, ce concept n'existait pas en France !

2 - La dépénalisation de l'homosexualité en France : En France, l'homosexualité a été considérée comme un crime jusqu'en 1982 ! Et l'Organisation mondiale de la santé (OMS) ne l'a rayée de la liste des maladies mentales qu'en 1991…

1 - L'abolition de la peine de mort en France : ce n'est qu'en 1981 que la loi contre la peine de mort a été votée en France.

LE POULPE EST UN ANIMAL EXTRÊMEMENT INTELLIGENT !
VOUS VOULEZ DES PIEUVRES ?

Patricia dit à son fils :

« Léo, tu es encore devant l'ordi !

– Ben oui, maman. J'ai essayé derrière, mais on voit beaucoup moins bien ! »

« Celui qui ne
peut plus éprouver
ni étonnement ni surprise
est pour ainsi dire mort ;
ses yeux sont éteints. »

Albert Einstein

METTEZ LES BONNES COULEURS DANS VOTRE CHAMBRE

Selon le feng shui, les couleurs accélèrent ou ralentissent la circulation de l'énergie dans la maison en fonction de l'exposition de la pièce...

- Si votre chambre est orientée au nord, choisissez du vert et du bleu ;
- Au nord-est, optez pour du blanc, du gris et du rose ;
- À l'est et au sud-est, des déclinaisons de violet ;
- Au sud, du blanc et du brun clair ;
- À l'ouest et au nord-ouest, du blanc cassé.

JEUX

SUDOKU

	5		6		2		9	
			1		7	3		6
6	4				3	7		
	2				1			4
3	1						6	5
5			9				1	
		9	4				8	2
4		2	7		8			
	3		2		9		4	

Solution page 608

Le saviez-vous ?

Le jus de citron est très bon pour la santé

Sur la liste des produits miracles, le citron se place en bonne position. Saviez-vous qu'il est très recommandé de ***boire du jus de citron chaud tous les matins ?*** De nombreuses raisons peuvent vous pousser à adopter ce rituel quotidien :

- ***Riche en vitamine C,*** le jus de citron aide à combattre la fatigue des longues semaines de travail. C'est un énergisant naturel.
- Ce précieux liquide permet aussi la ***réduction du taux de cholestérol,*** et l'élimination de certaines graisses. Il aide à perdre du poids.
- Le jus de citron améliore largement ***la digestion*** et détruit les toxines rebelles.
- Grâce à ses antioxydants, le citron aide à ***réduire les risques de cancer.***
- Les antioxydants permettent également de ***lutter contre les signes de vieillissement*** de la peau en stimulant la fabrication de collagène.
- Antimicrobien naturel, le jus de citron aide à ***garder une haleine fraîche !***

Maintenant, bon courage pour trouver une bonne raison de ne pas boire votre jus de citron quotidien !

La Matinale du Monde

Vous en avez marre d'arriver au bureau sans **connaître les dernières nouvelles du monde ?** Rectifiez le tir grâce à l'application **La Matinale du Monde,** qui vous livre chaque matin, en semaine comme le week-end, **l'actualité du jour.** Lancée par le journal *Le Monde,* elle vous permettra de **ne plus jamais être largué côté news !** En synthétisant chaque jour l'indispensable de l'info, vous ne perdez plus de temps avec la masse de données délivrée par Internet. L'essentiel vient à vous chaque matin en une vingtaine d'articles. *Le Monde* a aussi pensé à ceux qui prennent le train ou le métro, donc qui n'ont pas ou peu de réseau Internet : une lecture **en mode hors connexion** est possible. Merci *Le Monde !*

La Matinale du Monde - Gratuit
Disponible sur iOS et Android

LE MEILLEUR ENDROIT POUR SURVIVRE À UNE ATTAQUE DE ZOMBIES

La logique voudrait qu'**EN CAS D'INVASION DE ZOMBIES,** les mieux préparés s'isolent dans des abris souterrains avec de quoi survivre durant des mois. Pourtant, des scientifiques de l'université de Cornell (État de New York) se sont très sérieusement penchés sur la question : où aller pour multiplier ses chances de survivre en cas d'attaque ? Et d'après eux, l'abri serait une très mauvaise idée. Si l'on en croit leur expertise, il vaudrait mieux **FUIR DANS LES MONTAGNES** et dans les zones les moins peuplées. Selon les chercheurs, **LES PREMIÈRES ZONES TOUCHÉES SERAIENT LES MÉTROPOLES,** là où la nourriture est présente en plus grande quantité pour les zombies. Il faudrait, toujours selon eux, des semaines pour que l'invasion atteigne les zones montagneuses ! À l'échelle mondiale, **LA ZONE LA PLUS SÛRE SERAIT LES MONTAGNES ROCHEUSES,** en Amérique du Nord, qui constitueraient la planque parfaite.

J'ampute
la jambe.

J'ENJAMBE
LA PUTE.

L'actrice **Uma Thurman** est terrifiée à l'idée d'être enterrée vivante. Pourtant, c'est ce qui lui est arrivé dans *Kill Bill : Volume 2* (2004). Pour reprendre ses mots, « pas besoin d'effets spéciaux, de vrais cris étaient disponibles » !

Visiter un appartement depuis chez soi

Trouver un logement dans certaines villes relève d'un véritable parcours du combattant. Dans ce domaine, le site Internet Flatlooker peut se montrer d'une utilité incroyable. Grâce à ce site, vous n'avez plus besoin de vous déplacer pour visiter : un **tour virtuel du propriétaire** vous est proposé directement sur le site, accompagné d'un **descriptif détaillé du bien immobilier.** Les images et descriptions sont réalisées par Flatlooker, donc aucun risque d'être berné par un propriétaire peu scrupuleux. Si le bien vous plaît, vous pouvez **remplir votre dossier** directement et postuler en un clic ! Si votre candidature est retenue, vous le saurez très vite. Avant de signer le bail, vous pourrez (quand même !) effectuer **une visite de confirmation,** bien réelle cette fois-ci. Si celle-ci confirme vos attentes, l'affaire est dans le sac. Assurément, les visites virtuelles vont faciliter la vie de ceux qui n'ont pas le temps de se déplacer ou qui en ont marre de visiter sans trouver la perle rare.

www.flatlooker.com

La faune et la flore terrestre

Il y a **400 000 000 de chats** sur Terre.

La planète compterait environ **525 000 000 de chiens.**

Les vers de terre représentent à eux seuls **80 % de la masse** de tous les animaux terrestres.

Une espèce animale ou végétale disparaît toutes les **20 minutes,** ce qui fait **26 280 espèces disparues chaque année.**

L'homme connaît **1,9 million d'espèces animales et végétales.** Il lui en resterait entre **10 et 100 millions à découvrir !**

« Docteur, je perds la mémoire.

– Ah ? Et depuis quand ?

– Depuis quand quoi ? »

POURQUOI DIT-ON... « GLANDER » ?

Si vous êtes normalement constitué, vous avez glandé au moins une fois dans votre vie. Ce verbe ne fait peut-être pas partie de votre vocabulaire courant, mais vous en connaissez certainement le sens : « Ne rien faire » ou « rester inactif ». Le mot « glander » vient du mot gland, vous l'aurez deviné. Mais pourquoi l'utiliser dans ce contexte ? Au Moyen Âge, il était courant d'***amener les cochons à la glandée,*** c'est-à-dire manger les glands tombés des chênes. Ce n'est qu'en 1940 que le verbe glander prend une autre signification, équivalente à « se tourner les pouces ». L'explication est simple : la glandée est ***une activité facile,*** qui ne nécessite pas beaucoup d'efforts. Quant à celui qui était chargé d'amener les cochons manger les glands, il était appelé le **« *glandeur* » !** Racontez cette anecdote la prochaine fois qu'on vous traite de glandeur, vous devriez en faire taire quelques-uns.

Un masque naturel contre les points noirs

Si vous en avez marre de payer le prix fort pour des crèmes anti-points noirs inefficaces, votre vie va changer en lisant ces lignes ! Voici une petite recette maison pour faire *votre propre crème miracle* :

- Battez un *blanc d'œuf*.
- Ajoutez deux cuillères à café de *fécule de maïs*.
- Appliquez la crème et laissez reposer 10 minutes.
- Enlevez le masque avec un linge propre et sec.
- Rincez à *l'eau de rose*.

Voilà, votre peau a retrouvé sa douceur de bébé !

Que peut-on dire d'un **lépreux** qui n'a pas de chance ?

Réponse :

Qu'il manque de peau !

TOP 5 des personnalités oubliées

5 - Gustave Whitehead : il aurait réalisé, en 1901, le tout premier vol motorisé de l'histoire ! Hélas pour lui, **son nom n'est pas resté dans les livres.** On attribue généralement cet exploit à Orville Wright, en 1903, avec le *Flyer 1*.

4 - Mary Anning : paléontologue britannique du XIXe siècle, Mary Anning a fait sa première découverte à l'âge de 12 ans : **un squelette d'ichtyosaure.** C'est la première à avoir trouvé ce spécimen. Les spécialistes connaissent bien cette dame, mais l'histoire n'a pas retenu son nom.

3 - Le pape Léon Ier : pape de 440 à 461, il est parvenu, en 452, à faire reculer Attila, roi des Huns. De nombreuses armées avant lui avaient échoué… Mais il lui a suffit d'être pape pour impressionner Attila, qui a fait demi-tour en le voyant ! Il est fêté le 10 novembre, mais peu savent vraiment qui il est.

2 - Ada Lovelace : Née en 1815, elle est la fille du célèbre poète Lord Byron. Loin de se contenter d'être « une fille de », elle a aussi **inventé le premier programme informatique !** La jeune femme travaillait en effet sur la machine analytique de Charles Babbage. Et dans ses notes personnelles ont été retrouvées les traces du tout premier algorithme connu. La fille de Lord Byron est assez **connue des féministes** et des Britanniques, mais son nom reste relativement discret dans la culture générale. Les développeurs connaissent cependant le langage Ada, nommé en son honneur. Une mince reconnaissance, tout de même.

1 - Sir Joseph Wilson Swan : Cet électricien et chimiste britannique, né en 1828, a inventé le papier photographique, mais surtout la lampe à incandescence. En d'autres termes, il a inventé l'ampoule… Seulement, la paternité de l'invention a été reconnue bien longtemps après la date, à la suite d'un procès. Du coup, aujourd'hui, **on attribue l'ampoule électrique** à Thomas Edison. Les deux hommes ont été autorisés à la commercialiser, mais un seul a connu la postérité. Bon, il faut dire que **Thomas Edison a aussi contribué à l'invention du cinéma,** ça aide à rester dans les livres d'histoire…

Le saviez-vous ?

C'est Paul Verlaine qui a annoncé le débarquement !

Le saviez-vous ? C'est Paul Verlaine qui a annoncé le Débarquement… ou presque ! En effet, parmi les nombreux messages codés diffusés sur les ondes de Radio Londres, les auditeurs ont pu entendre quelques vers de ***Chanson d'automne.*** Tous les soirs à la même heure, chacun attendait son message codé pour lancer son opération, prévoir ses prochains coups. Au deuxième trimestre 1944, une phrase était très attendue : « **Les sanglots longs des violons de l'automne** » devait annoncer qu'un débarquement se ferait dans la semaine qui suit. Le 5 juin 1944 à 21 h 15 résonne sur les ondes de Radio Londres la suite du poème, « blessent mon cœur d'une langueur monotone ». Le glas a sonné, **le débarquement va avoir lieu** quelques heures plus tard ! On peut ainsi dire que **Paul Verlaine a involontairement annoncé l'imminence du Débarquement !** Dans la nuit suivit la déclamation de ce deuxième vers de *Chanson d'automne,* plus d'un millier d'opérations de sabotages seront réalisées, ralentissant l'ennemi dans ses réactions face aux événements. Merci Paul, merci la poésie !

Combien de fois peut-on soustraire 5 de 45 ?

Réponse :

Une seule fois. Puis, on soustrait de 40 et non de 45 !

UN SPRAY AUX HUILES ESSENTIELLES POUR VOTRE BUREAU

Vous avez des difficultés de concentration ? Dans un vaporisateur, versez 5 gouttes d'huiles essentielles dans 100 millilitres d'eau de source : menthe poivrée ou romarin pour vous donner de l'énergie, gingembre pour retrouver l'inspiration et stimuler la créativité, bergamote et citronnelle pour retrouver votre vivacité... Vaporisez votre bureau dès que vous sentez une petite baisse de régime.

MON VÉRITABLE AMI ! LE SEUL SUR LEQUEL JE PEUX COMPTER QUAND JE SUIS DANS LA MERDE !

JEUX

SUDOKU

	4			6	8	2		
				9		4	8	7
7	9		2	5		3	1	
1	3	7						
		5				9		
						8	7	3
	7	9		1	3		4	2
2	6	3		7				
		4	8	2			3	

Solution page 608

Le saviez-vous ?

Pulp Fiction aurait pu être complètement différent !

Le long-métrage ***Pulp Fiction*** de Quentin Tarantino est aujourd'hui **un véritable film culte.** S'il a obtenu la Palme d'or au Festival de Cannes en 1994, rien ne garantit qu'il aurait connu la même carrière si le réalisateur s'en était tenu aux noms qu'il avait initialement couchés sur sa liste pour le casting… Une photo a fuité sur le réseau social Reddit : elle dévoile les noms de ceux qui auraient pu ou dû être à l'affiche du film ! Ainsi, on apprend que le rôle de Vincent Vega (joué par John Travolta) aurait dû être **tenu par Michael Madsen.** Travolta n'était alors que le deuxième choix du réalisateur. John Travolta a longuement hésité, jugeant le personnage amoral. On peut dire **qu'il a bien fait d'accepter !** Pour jouer Mia Wallace, interprétée par Uma Thurman, Quentin Tarantino envisageait Pam Grier, l'héroïne de son film suivant *Jackie Brown* (1997), ou encore Bridget Fonda. Mais sa rencontre avec Uma Thurman en a décidé autrement, et c'est tant mieux ! Le rôle de Jules, joué par Samuel L. Jackson, aurait dû être attribué à Laurence Fishburne (Morpheus dans *Matrix*). Enfin, le désormais **célèbre couple** Pumpkin-Honey Bunny aurait pu être incarné par Johnny Depp et Patricia Arquette au lieu de Tim Roth et Amanda Plummer !

Le saviez-vous ?

3 femmes sur 1000 éprouvent un orgasme en accouchant !

La revue *Sexologie* a publié une étude récemment selon laquelle 3 femmes sur 1000 éprouveraient du plaisir physique, voire un orgasme, en donnant naissance. Le sexologue Thierry Postel a adressé un questionnaire à 956 sages-femmes. Une sur dix lui a répondu : « La jouissance obstétricale existe. » Ce plaisir étant difficile à avouer, le sexologue reste prudent sur ces chiffres mais ils pourraient être plus élevés que ça. Les témoins ont donné la note de 8,3 sur 10 au plaisir physique ressenti !

Thierry Postel insiste sur le fait que ce phénomène occasionnel et imprévisible ne doit pas conduire à « sexualiser l'accouchement ».

Valérie passe un
entretien d'embauche :
« Prénom ?
– Valérie.
– Nom ?
– Mais si ! »

UN CHAMPIONNAT DU MONDE DE FAINÉANTISE !

Au Monténégro, il est possible de **DEVENIR CHAMPION DU MONDE... DE FLEMME !** Le but de cette compétition est de rester allongé le plus longtemps possible. Vous avez le droit d'apporter de quoi vous occuper : livres, ordinateur, téléphone, etc. Celui qui reste **LE PLUS LONGTEMPS COUCHÉ** sur son matelas remporte la médaille d'or ainsi que 200 euros ! Organisée la veille des élections parlementaires locales, l'édition de 2016 avait bénéficié d'un gros coup de pub : **LES POLITICIENS ÉTAIENT INVITÉS** à participer afin de se reposer et peut-être rembourser une partie de leurs dépenses de campagne avec le chèque remporté ! Si la discipline paraît simple, sachez que le plus gros flemmard est tout de même **RESTÉ 37 HEURES ALLONGÉ** sur son matelas en 2014. Personne n'explique, cependant, comme ça se passe pour les besoins naturels... On vous laisse imaginer !

Cet engin à roulettes est-il décapotable ?

CET ENGIN À ROUPETTES EST-IL DÉCALOTTABLE ?

PAMELA ANDERSON

Spectrophobe,
l'actrice refuse de se regarder dans le miroir et à la télé.

Le WEB du WCB

Bangfit, le Just Dance pour adultes...

Un site pornographique qui s'engage à ce que vous ayez un corps de rêve cet été, ça existe ! Avec le concept de Bangfit, vous allez vous dépenser tout en vous faisant plaisir ! Sur le même modèle que Just Dance, le site vous invite à **faire des « sexercices »** seul, à deux et plus encore... Comme tout site ou toute application de *fitness* de base, on vous propose des « mouvements » qu'il faut **reproduire en temps réel.** Et comme dans un jeu, vous marquez des points selon votre précision et votre rythme d'exécution... À la fin, chaque participant connaît son score : le sexe devient alors **une véritable compétition** où il faut se surpasser ! Si ça peut vous sembler futile ou ridicule, sachez que ce sont **de vrais professionnels de santé** qui ont mis en place les exercices. Le seul inconvénient, c'est que pour comptabiliser les points, vous êtes obligé de garder votre smartphone sur vous, à l'aide d'une ceinture conçue tout spécialement... Pas très sexy, mais efficace pour perdre du poids et mieux que la ceinture de chasteté !

www.bang.fit

« Le sentiment est plus attirant que l'intelligence et il apporte une contribution plus grande à une œuvre d'art. »

Charlie Chaplin

POURQUOI DIT-ON... « ATTENDRE 107 ANS » ?

Lorsque quelqu'un patiente mais commence à perdre cette si précieuse patience, il sera peut-être amené à dire qu'il ne va pas « attendre 107 ans ». Si l'on comprend l'image de l'exagération, il est légitime de se demander pourquoi 107 et pas 222 ou juste 18, alors que c'est déjà très long ! Cette expression viendrait du fait que 107 ans a été ***la durée de construction d'un des monuments préférés des touristes,*** mais aussi des Français : la cathédrale Notre-Dame de Paris ! Terminée en 1270, son édification a débuté en 1163. Jugé ***beaucoup trop long*** et embêtant pour les Parisiens, ce chantier a bel et bien donné naissance à cette expression, encore usitée de nos jours. Là où il est, le chef de chantier doit en avoir marre qu'on lui rappelle à quel point son travail a ***gâché la vie des Parisiens***...

Humour

Cyril est enfin invité chez ses beaux-parents pour les rencontrer. À la fin du repas, sa copine se plaint d'une migraine. Galant, Cyril l'accompagne jusqu'à sa chambre, où elle a décidé de **s'allonger quelques minutes.**

Le jeune homme redescend finalement une heure plus tard. Son beau-père est en train de regarder la télé avec sa femme.

« Vous êtes resté bien longtemps là-haut, dites donc !

– Oui, elle avait vraiment mal. Mais ça va mieux, après ce que je lui ai donné…

– Tant mieux ! Mais vous auriez pu penser **à fermer votre armoire à pharmacie !** »

Chassez les mouches naturellement

Peu importe où nous vivons, il est difficile d'échapper à l'attaque des mouches ! Rubans adhésifs, tapettes, sprays... Les accessoires et divers produits pour lutter contre ce fléau ne manquent pas. Pourtant, *il existe des astuces naturelles et sans danger* que vous n'avez probablement pas encore testées :

Les huiles essentielles de menthe poivrée, de lavande, de tanaisie ou encore de citronnelle sont efficaces pour les éloigner. Utilisez un diffuseur pour une action en continu. Si les mouches persistent, vous pouvez *faire chauffer du vinaigre dans une casserole* avec la fenêtre fermée chaque matin et chaque soir. L'odeur les repoussera efficacement.
Achetez *des pieds de basilic* : leur odeur est un véritable répulsif pour les insectes volants et particulièrement pour les mouches.
Le géranium a également la réputation de repousser les insectes. Placez un pot à chaque fenêtre et vous serez tranquille...

Enfin, sachez que si vos murs ou vos rideaux sont *de couleur jaune*, vous aurez plus de chances d'attirer les mouches ! C'est justement pour cette raison que les papiers tue-mouches sont jaunes, pour les piéger plus facilement.

Quatre astuces pour un sourire parfait !

– *Le bicarbonate de soude* : il s'agit du remède le plus connu pour blanchir naturellement les dents. Si vous regardez la composition de votre dentifrice, vous verrez qu'il en contient probablement. Une fois par jour, remplacez votre dentifrice par un peu de bicarbonate déposé sur votre brosse à dents. Effectuez le brossage comme d'habitude et rincez. Attention, ne cumulez pas dentifrice et bicarbonate en un seul brossage, au risque d'abîmer l'émail de vos dents.

– *Le charbon végétal* : utiliser du charbon pour se blanchir les dents peut paraître étonnant. Pourtant, certains pays l'utilisent depuis des siècles pour garder les dents blanches et saines ! Achetez du charbon en poudre et utilisez-le en remplacement du dentifrice. Comme pour le bicarbonate, il ne faut pas le mélanger au dentifrice, déjà bien assez abrasif ! Pour plus d'efficacité, vous pouvez cependant le mélanger à quelques gouttes de jus de citron.

Trucs et Astuces

- *L'huile essentielle d'arbre à thé (ou tea tree)* : également appelée huile de *Melaleuca alternifolia*, elle possède des actifs naturels qui blanchissent les dents. Mieux encore, elle présente les caractéristiques d'un antiseptique, parfait pour éliminer les bactéries ! Attention, elle est cependant interdite aux enfants et aux femmes enceintes.

- *Dentifrice maison à l'argile* : dans un bol, mélangez deux cuillères à soupe d'argile verte avec une cuillère à soupe de bicarbonate de soude. Réduisez à l'état de poudre deux clous de girofle et incorporez progressivement la poudre au mélange. Versez petit à petit un verre d'eau dans la mixture tout en mélangeant. Ajoutez deux gouttes d'huile essentielle de citron. Voilà un dentifrice sans produits chimiques qui garantit dents blanches, haleine fraîche et désinfection de votre bouche !

Énigmes

Êtes-vous un génie ? Faites mentalement le calcul suivant :

- La somme du début est de 1 million.
- Divisez par 4.
- Divisez ensuite par 5.
- Puis, divisez par 2.
- Ensuite, divisez par 20.
- Soustrayez 50.
- Divisez par 3.
- Divisez par 8.
- Soustrayez 1.
- Divisez par 7.
- Ajoutez 2.
- Divisez par 3.
- Ajoutez 2.
- Puis, divisez par 5.

Combien obtenez-vous ?

Réponse :
On obtient 1.

« Allô, la police ? Voilà, j'ai écrasé un poulet. Que dois-je faire ?

– Eh bien, plumez-le et faites-le cuire !

– Ok. Mais qu'est-ce que je fais de la moto ? »

QUELS SONT LES BIENFAITS DE LA PROPOLIS ?

Récoltée sur les végétaux par les abeilles, la propolis est un véritable « antibiotique naturel ». Antibactérienne, anti-inflammatoire, antivirale, anti-infectieuse, anesthésique, stimulant les défenses immunitaires, nourrissante, cicatrisante et régénérante... La propolis est pleine de flavonoïdes, de substances minérales, d'oligo-éléments, de vitamines, d'acides phénols et organiques. Il est recommandé de faire une cure à l'approche de l'hiver et au début du printemps.

JEUX

SUDOKU

4						3	1	
2				3	6	5		
				8	4		6	
9	3	7						
	4						8	
						4	3	9
	2		7	6				
		4	3	2				1
	8	6						2

Solution page 609

Le saviez-vous ?

On nous ment sur le sucre !

Les liens entre le milieu scientifique et l'industrie agro-alimentaire ne sont plus à prouver. Mais en septembre 2016, de ***nouvelles révélations*** sont venues jeter de l'huile sur le feu. Des documents confidentiels qui décrivent le « projet 226 » ont été retrouvés par des scientifiques américains de l'université de Californie. Grâce à ces précieux dossiers, on apprend que dans les années 1960, l'industrie du sucre a grassement payé les scientifiques afin de ***minimiser les risques du sucre*** sur les maladies cardio-vasculaires. En 1967, une étude payée l'équivalent de 50 000 dollars actuels, vante donc les mérites du sucre… Mais ce temps n'est pas révolu ! Selon le *New York Times*, l'un des scientifiques corrompu a aidé, en 1977, à rédiger les commandements nutritionnels du gouvernement américain. Les scientifiques sont aujourd'hui toujours corrompus par les industriels, à l'image de ***l'entreprise Coca-Cola*** qui, en 2015, a financé des études sous-estimant le lien entre le sucre contenu dans la boisson et l'obésité…

Moralité : ***doutez de tout*** ce que vous lisez (sauf du WC Book) !

POLICE, ON NE BOUGE PLUS LES BOULONS !

Le 18 août 1982, le département de police de Beverly Hills embarque un individu pour « **DISTRIBUTION ILLÉGALE DE CARTES DE VISITE** ». Si le coupable est également accusé d'avoir semé le trouble sur la voie publique, l'affaire n'a, a priori, rien d'anormal. À ceci près que l'interpellé est… **UN ROBOT !** Bien que téléguidé par deux adolescents cachés, DC-2, dont la valeur est alors estimée à 30 000 $, est probablement devenu ce jour-là **LE PREMIER ROBOT DE L'HISTOIRE À AVOIR ÉTÉ ARRÊTÉ** par les forces de l'ordre !

NICOLE KIDMAN EST LEPIDOPTEROPHOBE. AUTREMENT DIT, ELLE EST EN PANIQUE DEVANT UN PAPILLON !

Se faire livrer des produits frais et artisanaux de son quartier

Au pas de courses, c'est le pari réussi de deux jeunes hommes qui aimeraient que l'on mange mieux ! En semaine, il est difficile de trouver le temps de faire ses courses ; alors, quand il s'agit de faire le tour des commerces alentour... Impensable ? Plus maintenant ! Grâce à ce site, vous pouvez **commander en ligne** des produits de qualité vendus dans votre quartier et être livré le plus rapidement possible. Avant, quand le réfrigérateur était vide et qu'on n'avait pas envie de sortir faire des courses, on commandait une pizza ou un plat dans un restaurant. Mais c'était avant ! Avec Au pas de courses, on peut désormais, en cas de flemme, manger sain sans sortir de chez soi ! **Les prix sont les mêmes** que chez les commerçants, vous payez simplement les frais de livraison, qui ne varient pas, même si vous commandez dans plusieurs boutiques. Mieux encore, vous pouvez **programmer une livraison** pour jusque dans les cinq jours suivants. Et c'est complètement écolo puisque **les livreurs se déplacent en triporteur** électrique. Vous allez enfin pouvoir consommer les produits des commerçants voisins sans vous déplacer !

www.aupasdecourses.com

La mort en quelques chiffres et nombres

Sur les quelque **55 millions de morts** dans le monde chaque année, environ 9,5 millions sont chinois.

Oh, mon Dieu ! Dans la série animée *South Park,* à ce jour (**277 épisodes,** série en cours), ils ont tué le personnage de Kenny **95 fois en 89 épisodes !**

Selon la Memorial Day Fondation, environ **1 million de militaires américains** sont morts au combat depuis la guerre d'Indépendance **en 1775.** En France, la seule Première Guerre mondiale a tué **1,4 million de soldats français.**

En France chaque jour, on dénombre en moyen **1 521 décès.**

90 000 m^3 d'arbres sont abattus chaque année pour mettre en bière **55 000 morts.**

BOB MARLEY, PRÉCURSEUR DE LA MUSIQUE DE CHANVRE

POURQUOI DIT-ON... « LUNE DE MIEL » ?

Traditionnellement, la lune de miel couvre la période des 29 jours suivant le soir du mariage. Cette expression est datée du XVIIIe siècle par les linguistes, bien que sa popularisation date plutôt du XIXe siècle. Aujourd'hui, tout le monde connaît ce terme, mais qui en connaît l'origine ? L'expression se rapporterait à ***la douceur de la relation des jeunes mariés,*** dont certains se surnomment *honey* (miel) dans les pays anglo-saxons. Sur le plan culturel, l'expression trouve son origine dans ***la boisson sucrée*** que consomment les époux avant, pendant ou après la cérémonie : l'hydromel chez les peuples germaniques, le sucre dans certains pays asiatiques et le miel, consommé durant les 28 jours suivant la noce, en Égypte. Selon beaucoup de croyances, ces différentes substances sucrées favorisent ***la fertilité.*** Si elles ont permis à beaucoup de bébés de naître, elles ont aussi favorisé la naissance d'une expression aujourd'hui connue de tous !

Pourquoi, durant le Tour de France, installe-t-on des barrières entre les cyclistes et les spectateurs ?

Réponse :

Parce ce qu'il ne faut jamais mélanger la drogue et l'alcool !

Le saviez-vous ?

Le crocodile du Nil et ses étonnantes capacités

À l'âge adulte, le crocodile du Nil ne ***se nourrit que quatre fois*** par mois ! Très peu actif, il n'a pas besoin de beaucoup de calories pour survivre. D'ailleurs, en cas de crise, les plus gros crocodiles se mettent ***en état de léthargie*** et peuvent survivre jusqu'à ***deux ans sans rien manger !*** Les nouveau-nés, quant à eux, peuvent jeûner durant quatre mois. Ce qui est déjà pas mal, vous en conviendrez… Grâce, en partie, à ces étonnantes capacités en matière de jeûne, le crocodile du Nil peut vivre facilement plus d'un siècle !

Un enfant voit sa mère nue pour la première fois.

« Maman, maman ! C'est quoi ça ? demande le petit Hugo en désignant le sexe maternel.

La mère, un peu gênée :

– C'est le coup de hache du bon Dieu…

– Oh la la ! Pas de bol : en plein dans la chatte ! »

JEUX

QUE REPRÉSENTE CE DESSIN ?

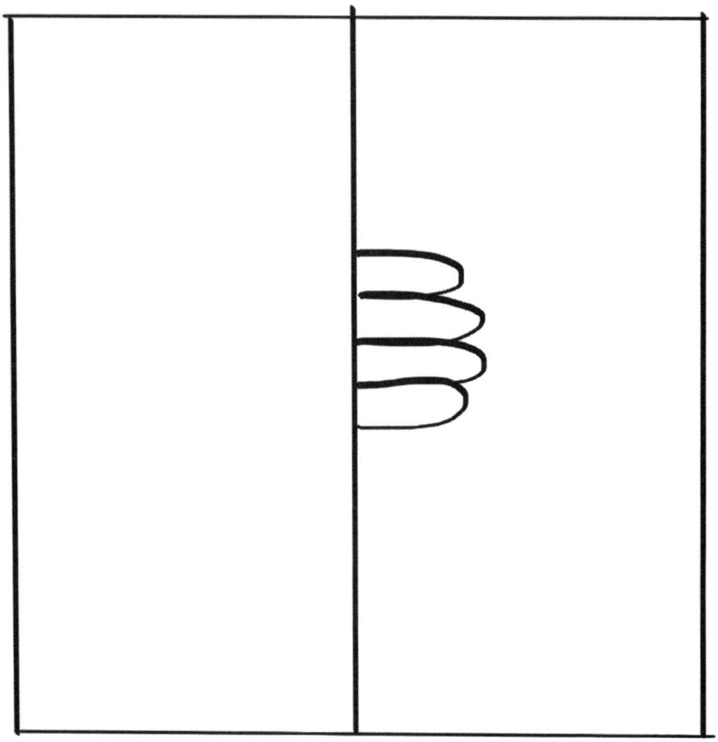

Réponse :

L'intérieur du manteau de Napoléon !

Nostradamus avait dit : « Le mercredi 2 février 2000 se produira un événement mondial qui n'était pas arrivé depuis plus de mille ans, le 28 août 888. »

Lequel ?

Réponse :
Le 02.02.2000 était la 1re date qui, depuis le 28.08.888, contenait uniquement des chiffres pairs.

Faire pousser des herbes aromatiques à l'intérieur

Quand on habite en ville, il n'est **pas toujours simple de planter et de cultiver** son propre jardin. Rassurez-vous, même si vous n'avez ni balcon ni terrasse, vous pouvez planter des herbes aromatiques ! Il faut simplement savoir lesquelles. Voici la liste des **herbes qui n'ont pas besoin d'être à l'extérieur** pour bien pousser :

Les plus simples : laurier, ciboulette, menthe, persil, citronnelle, coriandre vietnamienne. Attention cependant à ne pas planter la menthe, très envahissante, au même endroit que les autres plantes !

Les moyennement simples : origan, romarin et thym. Ils nécessitent beaucoup de lumière, mais peuvent facilement pousser à l'intérieur.

Les plus difficiles : basilic, coriandre et sauge. Elles peuvent pousser dans un appartement, mais sont plus difficiles d'entretien.

Trucs et Astuces

Maintenant, il faut **savoir planter et s'occuper de ses aromates !** Voici quelques conseils simples pour donner plus de chances à vos plantations de s'épanouir :

- *Privilégiez les pots en terre* et veillez à ce qu'ils soient équipés de trou pour le drainage. Mettez des cailloux au fond du pot pour éviter que la terre ne vienne boucher les trous.
- N'hésitez pas à *acheter de la terre organique* de très bonne qualité. Mélangez-la avec un peu de terreau et des coquilles d'œufs broyées pour les aromates de Méditerranée : l'apport en calcium n'en sera qu'optimal !
- Veillez à ce que votre plante reçoive *au moins 6 heures de soleil par jour*. Attention, si des taches brunes apparaissent sur les feuilles, c'est qu'elles sont trop exposées ! Si vos tiges grandissent mais qu'au contraire, les feuilles rétrécissent, c'est signe de manque de lumière.
- *Arrosez vos plantes tous les 2 ou 3 jours*. Si elles sont encore gorgées d'eau, espacez davantage la fréquence d'arrosage.

Astuce bonus : privilégiez l'engrais faible en phosphore afin de favoriser la pousse des feuilles sans encourager la floraison. Enfin, **plantez une herbe déjà poussée** plutôt qu'une graine si vous n'avez pas d'expérience. C'est plus simple et cela évite de se décourager dès le premier essai !

JEUX

SUDOKU

	2			6			7	
3		7	4	9		1		
4			7			2		
		4	6	1				
	5						6	
				7	9	5		
		9			7			2
		1		2	8	4		5
	3			4			9	

Solution page 609

Le petit déjeuner était prescrit pour lutter contre l'envie de... se masturber !!!

Lorsque le docteur John Harvey Kellogg ***invente les corn-flakes*** en 1897, il n'envisage pas le produit comme un simple petit déjeuner. Selon lui, cet aliment aide à lutter contre ***l'envie de se masturber !*** Si aujourd'hui, le plaisir solitaire s'est banalisé dans les magazines féminins, les séries et au cinéma, il fut un temps où cette activité était considérée par beaucoup comme ***honteuse.*** Ainsi, l'inventeur des corn-flakes pensait avoir trouvé un bon moyen de lutter contre « le vice solitaire ». Mais pour lui, c'était bien plus important que ça : il faisait en effet partie ***d'un courant de pensée*** selon lequel la masturbation pouvait causer le ***cancer de l'utérus,*** diverses maladies urinaires, l'épilepsie, mais aussi la folie... Ainsi, Kellogg pensait pouvoir ***sauver de nombreuses vies*** avec ses pétales de maïs... Aujourd'hui, il enchante nos petits déjeuners et c'est déjà pas mal.

Jouer au

Scrabble avec sa grand-mère,

c'est poser « requin », alors que tu avais trouvé « niquer ».

ALFRED HITCHCOCK ÉTAIT OVOPHOBE !

Oui, il avait peur des œufs. Il disait qu'« il n'y a rien de plus révoltant qu'un jaune d'œuf brisé qui répand son affreux liquide jaune partout »…

Le WEB du WCB

Des as de l'informatique pour les nuls !

À l'allure à laquelle évoluent les nouvelles technologies, il est facile de se laisser dépasser. Pour vous **éviter la crise de nerfs** face à un problème informatique a priori insurmontable, des âmes charitables ont créé le site je-suis-nul-en-informatique.fr ! Ce **service de dépannage** peut aussi concerner votre téléviseur, votre imprimante, votre téléphone, etc. C'est tout simple d'utilisation : vous vous rendez sur le site, vous sélectionnez l'objet à réparer, vous décrivez le problème, vous saisissez votre adresse ainsi que votre nom et la plateforme vous envoie **un dépanneur à domicile** dans les plus brefs délais ! L'intervention coûte 20 euros de l'heure et le taux est fixe. **Pas de mauvaise surprise** au moment de payer la facture ! À l'inverse, si vous êtes un as de l'informatique, vous pouvez vous inscrire pour arrondir vos fins de mois en aidant les nuls, comme ils sont appelés sur le site ! Le concept est implanté dans toute la France et risque de soulager nombre d'allergiques à la technologie.

https://je-suis-nul-en-informatique.fr

Les scientifiques
ne sont toujours pas formels : qui est apparu sur Terre en premier la poule, l'œuf ou **Michel Drucker ?**

LA TECHNIQUE DU « RETOUR À L'ENVOYEUR »

Christophe Dietrich, maire de Laigneville (Oise), est très engagé dans la propreté de sa commune. Pour **LUTTER CONTRE LES DÉPÔTS SAUVAGES DE DÉCHETS,** il est prêt à tout ! Après avoir tenté la technique basique du dépôt de plainte, non fructueuse, il est passé à la vitesse supérieure en missionnant des gens de la commune pour surveiller les rues de la ville. Mais la vraie solution révolutionnaire, appelée **« RETOUR À L'ENVOYEUR »,** devrait pousser les pollueurs à y réfléchir à deux fois avant d'agir ! Après avoir identifié le délinquant, **LE MAIRE RÉCUPÈRE LES DÉCHETS** abandonnés pour les redéposer devant la porte du coupable. Une vidéo le montrant à l'œuvre a fait **LE TOUR DU WEB.** Un procédé qui, selon l'élu, aurait déjà permis de réduire de 90 % les dépôts sauvages à Laigneville.

Qu'est-ce qui
a deux pattes et qui
est tout rouge ?

Un chien coupé
en deux !

JEUX

MOTS MÊLÉS

Zen

Saurez-vous retrouver chacun des mots cachés dans ce tableau ?

Les mots peuvent être écrits horizontalement, verticalement, en diagonale ou à l'envers.

Mots à trouver :

1) ATTENTION
2) BONHEUR
3) BOUDDHISTES
4) CALME
5) CONCENTRATION
6) EVEIL
7) KARMA
8) MEDITATION
9) MENTAL
10) PAIX
11) PHILOSOPHIE
12) POSTURES
13) REFUGE
14) RESPIRATION
15) SEREIN
16) SPIRITUALITE
17) TRANQUILLITE
18) YOGA
19) ZENITUDE

JEUX

D	E	Q	D	L	C	N	N	A	F	X	M	Z	B	K	A	W	I
L	I	E	V	E	Y	I	Q	U	T	E	R	H	Y	N	E	H	U
P	B	K	U	C	O	N	C	E	N	T	R	A	T	I	O	N	A
R	T	Y	Y	Z	B	E	P	T	Z	S	E	M	J	H	G	V	U
T	R	S	X	H	O	S	A	V	D	Q	E	N	P	U	T	P	N
K	A	R	M	A	N	L	I	G	G	S	Z	K	T	E	W	Q	R
T	N	R	U	K	H	C	X	S	O	P	E	X	N	I	B	G	E
A	Q	S	R	K	E	N	D	L	P	I	N	X	K	H	O	N	S
G	U	E	J	S	U	O	Z	V	H	R	I	H	K	Z	N	N	P
O	I	T	U	O	R	I	Q	Ç	I	I	T	B	S	Y	L	Q	I
Y	L	S	C	M	T	T	N	C	L	T	U	D	X	B	S	R	R
D	L	I	D	K	L	A	I	L	I	U	D	T	U	E	E	J	A
B	I	H	M	M	G	T	E	R	S	A	E	B	D	F	R	Y	T
S	T	D	P	L	C	I	R	E	O	L	W	R	U	Ç	U	U	I
F	E	D	S	U	A	D	E	A	P	I	X	G	Q	W	T	L	O
F	L	U	I	R	L	E	S	B	H	T	E	P	X	U	S	G	N
O	M	O	T	Q	M	M	Q	R	I	E	C	H	D	D	O	E	C
P	Z	B	L	N	E	S	T	Z	E	Z	H	P	H	X	P	U	X

Solution page 614

Trucs et Astuces

Des produits ménagers à faire soi-même

Vous le savez sans doute, la plupart des produits ménagers et des cosmétiques achetés en grande surface sont à la fois **dangereux pour l'environnement, mais aussi pour notre santé.** Pourquoi ne pas profiter de la mode du « *Do-it-yourself* » pour fabriquer vos propres produits ? Pour vous, le WC Book a rassemblé quelques **recettes simples et efficaces** de produits de première nécessité.

Le gel douche à base de savon d'Alep ou de Marseille

Ingrédients : 2 tasses de savon râpé, 2 litres d'eau, 2 cuillères à soupe de glycérine achetée en pharmacie. Il vous faudra aussi du miel ou des huiles essentielles.

- Râpez votre savon à l'aide d'une râpe à fromage.
- Mélangez tous les ingrédients dans une casserole.
- Faites chauffer à feu doux et remuez de temps en temps jusqu'à ce que le savon se soit entièrement dissous.
- Laissez refroidir avant d'ajouter au choix 2 cuillères à soupe de miel ou 15 gouttes d'huile essentielle (lavande ou arbre à thé).

Voilà, vous venez de préparer 2 litres de gel douche pour la somme d'environ 1,40 euros ! **Écologique, et très économique,** donc…

Trucs et Astuces

Le liquide vaisselle naturel et efficace

Ingrédients : 100 grammes de savon d'Alep ou de Marseille, 2 cuillères à soupe de vinaigre blanc, la même dose de cristaux de soude, 1 litre d'eau, de l'huile essentielle (arbre à thé, citron, eucalyptus...) et, facultativement, une cuillère à café de lécithine de soja ou de tournesol. Ce dernier ingrédient permet de rendre le mélange homogène.

– Râpez les 100 grammes de savon.
– Mettez dans une casserole et ajoutez l'eau.
– Couvrez et faites fondre à feu moyen. Pensez à mélanger régulièrement pour homogénéiser le mélange !
– Lorsque le mélange est homogène, retirez du feu.
– Ajoutez le vinaigre blanc et mélangez.
– Ajoutez les cristaux de soude et mélangez.
– Ajoutez une dizaine de gouttes d'huile essentielle et mélangez.
– Ajoutez la cuillère de lécithine, si vous le souhaitez, et mélangez une dernière fois...
– Mettez ensuite le tout dans un pot ou un flacon hermétique.

Voilà, vous venez de faire votre premier liquide vaisselle écologique ! Attention, il se pourrait qu'il soit moins liquide et moins moussant qu'un produit industriel, mais il sera tout aussi efficace !

Trucs et Astuces

Mousse à raser écologique

Ingrédients : 250 g de savon de Marseille, 50 cl d'eau de source, 2 cuillères à café d'huile de coco, 2 cuillères à café d'huile d'amande douce, 3 gouttes d'huile essentielle de lavande.

– Mettez l'eau de source à chauffer dans une casserole, à feu doux.
– Ajoutez le savon que vous aurez préalablement râpé.
– Laissez-le se dissoudre avant d'ajouter les huiles de coco et d'amande douce, puis mélangez.
– Retirez du feu et laissez durcir jusqu'à ce que le mélange devienne pâteux.
– Ajoutez 3 gouttes d'huile essentielle de lavande.

Et voilà un produit qui peut servir à monsieur comme à madame !

Shampoing naturel très simple à fabriquer

Ingrédients : aloe vera en gel, miel.

– Mélangez ¼ de tasse de gel d'aloe vera avec 2 cuillères à soupe de miel.
– Avec un fouet ou un batteur, fouettez jusqu'à obtenir une texture lisse.
– Appliquez sur les cheveux et laissez reposer quelques minutes.
– Rincez abondamment à l'eau claire.

L'aloe vera fortifie la racine des cheveux et prévient la chute prématurée. Il hydrate efficacement les cheveux ainsi que le cuir chevelu tout en favorisant la circulation sanguine. En bref, l'aloe vera est le produit miracle pour la chevelure !

Trucs et Astuces

Baume à lèvres ultra-hydratant

Ingrédients : cire d'abeille et beurre de karité. Facultatif : huiles essentielles et colorant naturel.

- Mélangez 1 mesure de cire d'abeille pour 2 mesures de beurre de karité naturel.
- Faites chauffer à feu doux.
- Lorsque le mélange est liquide, versez le dans un verre à bec.
- Ajoutez quelques gouttes des huiles essentielles de votre choix.
- Ajoutez quelques gouttes de colorant naturel pour donner un aspect plus joli.
- Versez le mélange dans un petit pot à couvercle vissable. Le baume à lèvres est utilisable aussitôt qu'il a durci.

Le baume de cette recette se conserve 6 mois, à l'abri de la chaleur. Très hydratant, il protège très bien les lèvres du froid.

Crème de jour

Ingrédients : huile végétale (coco, mangue, avocat...), cire émulsifiante, huiles essentielles de lavande et de mandarine.

- Versez 25 millilitres d'huile végétale, 60 millilitres d'eau et 2 grosses cuillères à café de cire émulsifiante dans une casserole et faites chauffer au bain-marie.
- Mélangez lentement jusqu'à ce que la cire ait fondu.
- Retirez du feu dès que tout est liquide et continuez à mélanger pour faire prendre l'émulsion.
- Placez le fond de la casserole dans un bac d'eau froide pour que la crème durcisse plus rapidement.
- Ajoutez quelques gouttes d'huiles essentielles de lavande et de mandarine.

Les huiles essentielles sont facultatives, mais la lavande a un pouvoir défatiguant et la mandarine un pouvoir dynamisant pour la peau.

SI VOUS DIVISEZ L'ANTARCTIQUE PAR LA COUCHE D'OZONE, VOUS OBTENEZ UN CHIFFRE QUI FAIT FROID DANS L'DOS !!!

« Ne vis pas
pour que ta présence
se remarque, mais pour
que ton absence se
ressente. »

Bob Marley

Un prince égyptien a 10 enfants, dont la moitié sont des garçons.

Comment cela se fait-il ?

Réponse :

L'autre moitié sont des filles.

Mais pourquoi le pénis des statues grecques est-il aussi petit ?

Amateur d'art ou simple curieux, peut-être vous êtes-vous déjà posé la question : pourquoi les hommes représentés par les statues grecques sont-ils affublés ***d'un pénis ridiculement petit ?*** Si, aujourd'hui, avoir un gros pénis est gage de virilité et de force, au temps des Grecs anciens, les choses étaient bien différentes. Les représentations de sexes proéminents étaient surtout ***associées à des forces négatives...*** D'une part, cela évoquait les satyres, ces créatures mythologiques qui accompagnent Dionysos dans l'adoration du vin et des excès. D'autre part, les parties génitales conséquentes faisaient aussi penser à ***Priape, le dieu de la fertilité*** banni du mont Olympe après avoir été condamné à être en constante érection. Ainsi, il était mieux vu de ***posséder un petit sexe,*** signe de rationalité et de qualités intellectuelles ! Les goûts et les normes changent avec les époques : chaque particularité physique aura son heure de gloire, c'est certain !

QUAND ÇA VEUT PAS, ÇA VEUT PAS !

Le 30 janvier 1835, Richard Lawrence a **ESSAYÉ DE TUER LE PRÉSIDENT** des États-Unis Andrew Jackson. On en ignore la raison, mais en tout cas ce jour-là, le peintre en bâtiment aurait mieux fait de rester au lit ! Arrivé au Capitole, où se déroulent **LES FUNÉRAILLES D'UN MEMBRE DU CONGRÈS,** il tente en vain de s'approcher du président bien entouré. À force de patience, il trouve un lieu propice d'où **IL EST CERTAIN D'ATTEINDRE SA CIBLE.** Hélas pour lui, au moment de tirer, son arme à feu s'enraye. Prévoyant, Richard Lawrence ne se laisse pas démonter et sort un second pistolet. Manque de chance, celui-ci s'enraye aussi… Cette tentative avortée est celle de trop puisque **LE PRÉSIDENT EN PERSONNE A REMARQUÉ SA PRÉSENCE** et compris ses intentions. Aussitôt, l'homme d'État plaque au sol son agresseur et se met à le battre violemment avec sa canne ! Il faudra que la foule, parmi laquelle on peut distinguer un certain Davy Crockett, intervienne pour que les deux hommes soient séparés, le criminel maîtrisé, le président évacué. Cette histoire est d'autant plus rocambolesque qu'il s'agit de **LA TOUTE PREMIÈRE TENTATIVE D'ASSASSINAT** d'un président américain…

Qui est l'ange
des roux ?

Oliver, car l'ange
Oliver protège
les roues !

CITATIONS

« L'âge n'est rien d'autre que ce que vous en pensez. Vous êtes aussi vieux que vous estimez l'être. »

Mohamed Ali

Le WEB du WCB

Jobfinder : le booster de la recherche d'emploi

Chercher un emploi n'a rien d'une partie de plaisir, encore moins lorsqu'il faut à la fois **activer son réseau,** répondre aux éventuelles annonces et envoyer des candidatures spontanées. Pour vous simplifier la tâche, essayez Jobfinder ! Après une simple inscription, vous aurez accès à un annuaire de chasseurs de têtes, la possibilité de créer des *check-lists* et des *to-do lists* pour organiser vos appels et vos rendez-vous, un historique de vos échanges de mails, mais aussi des fiches conseils écrites par des experts, etc. De nombreux outils sont ainsi mis à votre disposition dans le seul but d'optimiser votre recherche d'emploi et ne plus jamais perdre votre temps. C'est totalement gratuit, mais vous pouvez investir un peu d'argent pour bénéficier d'encore plus d'outils. C'est simple, Jobfinder se définit comme le « premier accélérateur de recherche d'emploi » !

www.jobfinder.fr

Les chanteurs qui ont le vocabulaire le plus riche

Une étude intéressante du site Musixmatch a fait un classement des chanteurs et chanteuses qui ont le plus de vocabulaire. Pour y parvenir, ils ont retenu **93 artistes** officiant dans **25 genres musicaux.** Pour chaque artiste, ils ont ensuite listé **100 chansons** contenant le plus de mots afin de comparer de manière juste. Il en ressort que le vocabulaire le plus riche est celui du rappeur américain Eminem, qui a utilisé **8 818 mots différents !** Suivent Jay-Z avec **6 899 mots,** Tupac avec **6 596 mots** et Kanye West avec **5 069 mots.** Il faut attendre la **5e position** pour voir apparaître un artiste qui ne rappe pas : Bob Dylan comptabilise **4 883 mots différents !** Alors, les rappeurs auraient-ils plus de vocabulaire que les autres ?

POURQUOI DIT-ON... « ALLER À TATAOUINE » ?

Sujet d'une expression populaire, la ville de Tataouine existe réellement. Signifiant « se perdre à l'autre bout du monde », elle fait référence à une période où la commune de Tataouine, située au sud de la Tunisie, abritait **un bagne militaire français.** Ouvert en 1938, ce pénitencier dont les conditions de détention étaient réputées très dures accueillait **les prisonniers de droit commun,** mais aussi les soldats indisciplinés. Si aujourd'hui la Tunisie n'est qu'à quelques heures de vol, à l'époque, il fallait beaucoup de temps **pour arriver aux portes du désert.** Et la plupart, connaissant les conditions de vie là-bas, craignaient de ne jamais en repartir. De ce lieu craint de tous est donc née l'expression « aller à Tataouine », qui signifie **« se perdre au bout du monde »** sans la certitude d'en revenir un jour. Il est amusant de rappeler que Tatouine est aussi connue pour avoir inspiré au cinéma la Tatooine de la saga *Star Wars* (quelques scènes cultes y ont même été tournées), une planète située « dans une galaxie lointaine, très lointaine… »

Humour

Une femme de 20 ans ressemble
à un **ballon de rugby** : 30 hommes
lui courent après.

Une femme de 25 ans ressemble
à un **ballon de foot** : 22 hommes
lui courent après.

Une femme de 30 ans ressemble
à un **ballon de basket** : 10 hommes
lui courent après.

Une femme de 40 ans ressemble
à une **balle de baseball** : un homme
lui court après.

Une femme de 50 ans ressemble
à une **balle de tennis** : deux hommes
se la renvoient sans cesse.

Une femme de 60 ans ressemble
à une **balle de golf** : on essaie au mieux
de l'envoyer le plus loin possible.

Le WEB du WCB

Quand regarder du porno devient un acte citoyen...

Que vous soyez un habitué ou un spectateur occasionnel, vous avez forcément un jour ou l'autre **regardé une vidéo X.** Le WC Book va vous donner une bonne raison de continuer ! Ijustcame.org, site porno « le plus heureux du monde », comme il se revendique, vous permet de visionner du porno, tout en réalisant **une bonne action.** Chaque visionnage d'une vidéo sur leur plateforme permet de **reverser un centime à une association.** En vous faisant plaisir, vous aidez la recherche sur le cancer de la prostate, sur celui des ovaires, mais vous aidez aussi les victimes de viol et la lutte contre les violences domestiques. Cette idée lancée par deux étudiants pourrait bien **révolutionner l'idée que se font les gens du don caritatif.** En tout cas, votre prochaine excuse en cas de flagrant délit est toute trouvée !

www.ijustcame.org

Énigmes

Vous allez de Paris à Lyon en TGV. Assis à côté de la fenêtre, vous remarquez que lorsqu'un TGV croise le vôtre, cela dure 2 secondes et demie. Chaque TGV est long de 278 mètres.

Quelle est votre vitesse sur le tronçon ?

Réponse :

278 mètres en 2 secondes et demie correspondent à :
0,278/(2,5/3600) = 400 km/h, soit 200 km/h par train.

La boîte des Tic Tac a été pensée pour n'en sortir qu'un à la fois !

Sortir un seul Tic Tac de la boîte n'est pas chose aisée : soit ils restent tous coincés et aucun ne sort, soit ce sont 12 bonbons qui tombent à la fois ! C'est d'autant plus triste que ***les inventeurs*** de cette petite friandise ont pensé leur emballage pour prendre un bonbon à la fois, dans le calme et la sérénité. Voici la méthode : inclinez la boîte fermée la tête vers le bas, ouvrez doucement la languette en faisant pivoter la boîte horizontalement. Comme par magie, ***un seul bonbon*** vous attend gentiment sous le capuchon, dans le petit réceptacle prévu à cet effet ! En fait, le moulage a été ***parfaitement conçu*** de manière à accueillir le Tic Tac sans qu'il ne tombe !

YANKEES VS ZOMBIES

Les Américains ne cesseront jamais de nous étonner. Mais parfois, **ILS Y PARVIENNENT À UN POINT TEL** qu'il est difficile de les suivre ! Exemple : le Pentagone a établi un plan de défense stratégique sous le nom de **CONOP 8888** afin d'anticiper une éventuelle attaque... de zombies ! Euh... jusque-là, rien d'insolite !? Ce qui peut vraiment prêter à sourire (si, si !), en revanche, c'est que **DIFFÉRENTES MESURES ONT ÉTÉ PRÉVUES** selon le type de zombies concernés... Ainsi, un plan est dédié aux **ZOMBIES PATHOLOGIQUES** – ceux que l'on connaît le mieux à travers la fiction, notamment dans la série *The Walking Dead* –, un autre aux **ZOMBIES POUVANT TOMBER DE L'ESPACE,** un troisième pour les **ZOMBIES DE NATURE MAGIQUE** et, enfin, un dernier pour les **ZOMBIES... VÉGÉTARIENS !** C'est pas si bête : imaginez que les zombies deviennent agressifs lorsqu'ils sont en manque de carottes !

ASHTON KUTCHER A UN FRÈRE JUMEAU

Michael Kutcher est né avec un handicap et a subi une transplantation cardiaque à l'âge de 13 ans.

Quelle est la devise d'un imprésario ?

TOUS POUR UN ET DIX POUR CENT !

Combien gagne un fakir ? Des clous !

D'amour et d'eau fraîche

En 2016, les touristes ont jeté **1,4 million d'euros** sous forme de pièces de monnaie dans la célèbre fontaine de Trevi, à Rome. Cela fait une moyenne d'un peu moins de **4 000 euros quotidiens,** remis à l'organisme Caritas, qui aide les gens dans le besoin.

Dans le monde, **748 millions de personnes** n'ont pas accès à l'eau potable alors qu'un Occidental utilise en moyenne **150 litres** d'eau par jour.

D'ici l'année **2050,** la demande en eau devrait augmenter de **55 %,** principalement à cause de l'accroissement de la population, qui atteindra alors les **9,5 milliards d'habitants.**

Les Français qui consomment le plus d'eau sont les habitants de la région Provence-Alpes-Côte d'Azur avec **228 litres** d'eau par jour et par habitant !

« Quand les gens parlent de toi, c'est que tu existes. »

Éric Cantona

Depuis qu'**Adolf Hitler** a porté la petite moustache, plus personne n'ose l'arborer. Dommage que le Führer n'ait jamais porté de **sandales** avec des chaussettes !

Trouvez le nombre manquant :

Je suis aujourd'hui 3 fois plus vieux que vous. Il y a 10 ans, je l'étais 7 fois plus. Et dans..., je le serai 2 fois plus.

Réponse :

M étant mon âge, V étant le vôtre :

M = 3 V et (M – 10) = 7 (V – 10). Donc : M = 7 V – 60

Soit : 3 V = 7 V – 60. Donc : V = 15.

Vous avez 15 ans, moi 45 ans. Nous avons 30 ans de différence. J'aurai donc le double de votre âge lorsque vous aurez 30 ans, ce sera donc dans 15 ans.

Le saviez-vous ?

Les arbres sont capables de se défendre contre les cerfs !

La science fait de nombreux progrès en matière de découverte sur les plantes. Ainsi, des chercheurs ont découvert que les arbres étaient ***capables de se défendre*** en cas d'attaque d'un cerf venu le grignoter ! Lorsque l'animal vient mordiller une branche, l'arbre est capable d'en détecter la salive et de déclencher la sécrétion d'acide salicylique. Celui-ci augmente ***la concentration de tanin*** et rend la sève repoussante pour l'animal ! Dans le même temps, cette substance antiparasitaire va ***permettre à l'arbre de compenser*** sa blessure en devenant plus vigoureux. Un mécanisme de défense très élaboré, en somme. Au contraire, lorsque l'arbre est attaqué par le vent, il ne libère rien d'autre que des hormones de guérison. Plus étonnant encore, ***l'arbre attaqué*** par un cerf serait capable ***d'avertir ses congénères*** alentour en libérant une substance organique dans l'air. Prévenus, les autres arbres sécrètent alors plus de tanins pour éloigner le danger !

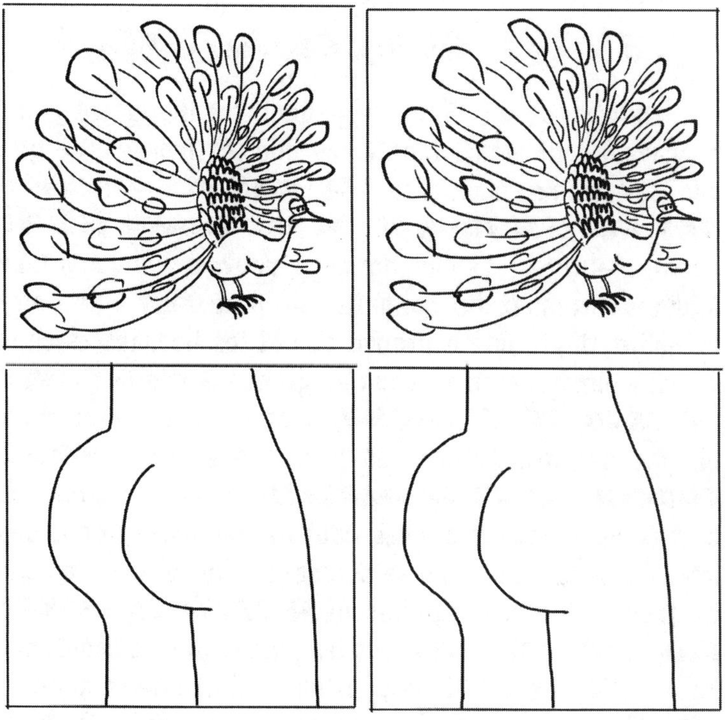

LES MACHOS MEURENT PLUS JEUNES QUE LES AUTRES !

Les chiffres de l'OMS le rappellent régulièrement : les hommes vivent moins longtemps que les femmes. Ce que l'on sait moins, c'est que **LES HOMMES MACHOS ONT UNE ESPÉRANCE DE VIE MOINS ÉLEVÉE** que les autres ! Si ces données peuvent vous paraître injustes, attendez de connaître la vraie raison de cette inégalité. Une étude a prouvé que si les hommes machos vivent moins longtemps, c'est en grande partie **À CAUSE DE LEUR CÔTÉ MACHO,** justement. En effet, pour ne pas paraître faibles, les phallocrates iront **MOINS SOUVENT CHEZ LE MÉDECIN** ou auront tendance à atténuer leurs symptômes pour ne pas passer pour des mauviettes... Ainsi, ils ne se décident à consulter qu'en cas de nécessité ultime et préfèrent **SE FAIRE EXAMINER PAR DES HOMMES,** qu'ils jugent plus compétents. Mais voilà... Il est difficile pour un machiste de se montrer faible devant un semblable, question de virilité ! Du coup, le patient préfère, une fois de plus, **MINIMISER LES SYMPTÔMES !** Ainsi, au fil d'une vie, les machos seraient moins bien soignés et risqueraient donc une mort prématurée... Messieurs, méditez sur le sujet, histoire de ne pas mourir... idiots.

« Où il y a un avantage, il y a nécessairement un inconvénient. »

Proverbe chinois

Le WEB du WCB

Un site de rencontres pour les pro-Trump !

Imaginons que vous cherchiez l'amour. Il est évident que vous préféreriez rencontrer quelqu'un qui partage votre passion. Imaginons maintenant que vous soyez passionné de Donald Trump, l'actuel président des États-Unis. Eh bien, vous pourriez chercher et trouver l'amour sur **Trumpsingles.com !** En effet, ce site de rencontres permet de mettre en relation des célibataires partisans de Donald Trump. Pour son créateur David Goss, il s'agit surtout d'éviter les mauvaises surprises et les conflits politiques entre célibataires qui pourraient d'emblée mettre un terme à l'éventuelle histoire d'amour. Au moins, avec **Trumpsingles.com,** vous savez déjà à quoi vous attendre ! Avec un slogan qui reprend la célèbre formule de Donald Trump **(« Make America Great Again »** transformé en **« Make Dating Great Again »),** le site revendiquait déjà plus de 23 000 membres en janvier 2017. On ne vous cache pas que la plupart sont Blancs et que très peu d'entre eux recherchent une relation homosexuelle…

www.trumpsingles.com

Égalité hommes / femmes… ou pas !

En France, seulement **25 %** des femmes gagnent plus d'argent que leur conjoint.
90 % des PDG de grandes entreprises sont des hommes, par contre **98 %** des secrétaires sont des femmes.
En filière scientifique, seulement **30 %** des étudiants sont des femmes.
Notez tout de même qu'en 2017, **38,8 %** des députés sont des femmes.

Source : *Topito*

Humour

Jennifer va voir son père et lui dit :

« Tu sais papa, j'ai un copain.

– C'est bien, ma chérie. C'est un copain de lycée ?

– Non, on s'est **rencontrés sur Tinder,** puis il m'a demandée comme amie sur Facebook. Après on a parlé sur WhatsApp, puis il m'a déclaré sa flamme sur Skype.

– Je peux te donner un conseil ?

– Bien sûr !

– Marie-toi sur Twitter, **achète tes enfants sur ebay,** reçois-les par mail et quand tu en auras marre, tu pourras mettre ta famille sur Le Bon Coin. »

Pourquoi y a-t-il
peu de pianistes dans
le Grand Nord ?

Vous avez déjà
essayé de jouer du piano
avec des moufles ?

CITATIONS

« Le bonheur parfait est quelque chose de très proche de la tristesse. »

Charlie Chaplin

Complétez cette suite logique :

3

6

18

72

...

Réponse :

Vous multipliez par 2 le 1er chiffre pour obtenir le 2e. Le 2e par 3 pour obtenir le 3e, le 3e par 4 pour obtenir le 4e. Donc, il faut multiplier le 4e chiffre par 5 pour obtenir le manquant : soit 72 × 5 = 360.

Le saviez-vous ?

L'Antarctique accueille le plus grand sanctuaire marin

Le 28 octobre 2016 est une grande date pour l'histoire de la sauvegarde des espèces animales. Ce jour-là, a été conclu un accord pour un ***projet de sanctuaire marin*** qui devrait voir le jour en Antarctique. Grand d'environ ***1,55 million de kilomètres carrés,*** il sera placé sous la juridiction de la ***Nouvelle-Zélande.*** Sur la superficie totale, 1,12 million de kilomètres carrés seront régis par une interdiction totale de pêche, raison pour laquelle la Russie avait auparavant refusé un projet similaire. La mise en place de ce projet, voté grâce à quelques modifications de texte, permettra la ***protection de quelque 10 000 espèces animales*** menacées par la pêche et la circulation maritime. Ce sanctuaire sera le plus grand du monde. Situé dans la mer de Ross, surnommée ***« le dernier océan »*** à cause de son étonnante préservation, il pourrait bien donner une impulsion pour la suite. Un autre projet du même genre est ***envisagé dans la mer de Weddell,*** toujours en Antarctique.

GÉNIE AGACÉ = LANGUE TIRÉE^2

Qui ne connaît pas cette célébrissime photo d'Albert Einstein prise le 14 mars 1951 par un photographe américain de l'agence UPI ? On y voit **LE SCIENTIFIQUE TIRANT LA LANGUE** sans retenue et affichant en même temps un léger sourire. Ce cliché est devenu culte dans le monde entier grâce à son utilisation sur les objets dérivés. Mais qui s'est déjà demandé **POURQUOI ALBERT EINSTEIN AVAIT POSÉ DE CETTE MANIÈRE ?** Le WC Book vous donne la réponse : ce jour-là, le génie fête ses 72 ans dans le New Jersey. Suivi toute la journée par les photographes et les journalistes, il monte dans une voiture pour rejoindre des amis au Club de Princeton. En sortant, **IL SE RETROUVE DE NOUVEAU FACE AUX PAPARAZZIS** qui l'attendent pour prendre d'autres clichés. Lorsque le photographe Arthur Sasse lui demande **UN DERNIER SOURIRE AVANT DE FERMER LA PORTE** de la voiture, Einstein, lassé par la situation, décide... de tirer la langue ! Le journaliste parvient à capter ce geste inédit, et il est le seul. Le portrait fait rapidement **LA UNE DES JOURNAUX,** avant de devenir une véritable image de « pop art ». Si vous regardez la photo originale, vous verrez d'ailleurs qu'elle a largement été recadrée, et ce dès ses premières parutions dans la presse. Nous connaissons surtout la version d'Einstein seul, mais dans l'originale, **DEUX DE SES AMIS APPARAISSENT À SES CÔTÉS DANS LA VOITURE.** De cette pose que certains qualifieraient de grossière et d'autres d'audacieuse, Albert Einstein disait qu'elle reflétait bien son comportement : « J'ai toujours eu de la difficulté à accepter l'autorité. » Si vous portez un tee-shirt imprimé de ladite photo, **VOUS PASSEREZ DONC POUR UN REBELLE DE GÉNIE !**

Michael Jackson
aurait dû être dans le
World Trade Center le
11 septembre 2001. Ayant
un rendez-vous dans l'une des
tours le jour des attentats, il
avait été contraint de l'annuler
pour cause de fatigue, due
à un concert donné
la veille.

Le WEB du WCB

Selency, ou comment chiner à l'ère du numérique

Si on vous dit « brocante », vous dites quoi ? Vendre les vieux bibelots de mamie ? Se salir les mains pour espérer trouver un livre poussiéreux qui contient encore toutes ses pages ? Le site **Selency,** anciennement appelé Brocante Lab, va moderniser votre point de vue ! Créé par une jeune femme passionnée de vide-greniers qui désirait justement dépoussiérer le concept, le site met en vente des articles validés par l'équipe de **Selency :** aucun risque, donc, que l'on vous vende une esquisse de Picasso alors qu'il s'agit d'un dessin niveau école maternelle ! **Selency** est en partenariat avec France-Estimations, spécialiste de l'expertise et de l'évaluation d'œuvres d'art et autres objets anciens. En bref, l'époque où il fallait se lever à 6 heures du matin pour espérer faire les meilleures affaires à la brocante du coin est révolue : maintenant, vous pouvez chiner depuis votre canapé ! Pour les vendeurs intéressés, sachez qu'en tant que particulier, vous pouvez vendre sur **Selency** au même titre que les professionnels. Il suffit pour ça de créer un compte et d'ouvrir une boutique virtuelle. Certes, vous reverserez 25 % de vos gains au site en guise de commission, mais pensez à tous ces matins que vous pourrez passer dans votre lit au lieu de vider votre camion dans le froid de l'aube... La grasse matinée n'a pas de prix !

www.brocantelab.com

Le Vatican et ses nombres insolites

Le Vatican, seul pays dont la langue officielle (le latin) n'est plus parlée, compte moins de **900 résidents.**
Le latin y était encore utilisé de manière orale jusque dans les **années 1960.**
Le Vatican est l'État souverain le plus visité par rapport à son nombre d'habitants : chaque année **18 millions de touristes** et pèlerins s'y rendent. Toujours proportionnellement à sa population, c'est le pays d'Europe qui accueille le plus de migrants : **5 familles** de chrétiens ont été accueillies par les **2 paroisses** du Vatican : **4** d'entre elles viennent de Damas et la dernière d'Érythrée.
20 % des citoyens du Vatican sont des militaires, ce qui en fait l'État le plus militarisé au monde et avec la plus petite armée. Pourtant, le Vatican est aussi l'État qui a le plus fort taux de criminalité : dans la plupart des cas il s'agit de vol à l'arraché commis par des étrangers qui visent les touristes.
Le Vatican est l'une des **7 monarchies** absolues du monde, mais reste aujourd'hui la seule à avoir aboli la peine de mort. En interdisant les exécutions en **1969,** il a ainsi **12 ans** d'avance sur la France, qui l'a abolie en **1981.**

Humour

Un vieux prêtre décide de prendre un bain. Tout chancelant, il a besoin d'aide : il fait appel à la petite dernière, sœur Mathilde, qui se montre tout de suite **très volontaire.** Après le bain, la mère supérieure vient demander à la jeune femme :

« Comment s'est passé le bain ? Nous savons que le **père Jacques peut être grincheux.**

– Ma mère, vous rigolez, j'ai été sauvée !

– Ah bon ? Sauvée de quoi ?

– Alors que je frottais le dos du père Jacques, il a pris ma main et l'a conduite vers son entrejambe, m'expliquant que là se trouvait la clé du paradis.

– Quel goujat, il a dit ça ?!

– Oui, puis il m'a dit que si sa clé entrait dans ma serrure, les portes du paradis s'ouvriraient à moi ! Il a mis **sa clé dans ma serrure** et j'ai commencé à avoir mal…

– Et ensuite, que s'est-il passé ?

– Il m'a dit que le chemin de la rédemption était toujours rempli de douleur, mais qu'avec patience, mon corps serait bientôt rempli d'extase. C'est arrivé, et **je suis sauvée !**

– Ce charlatan ! Il m'a menti !

– Comment ça ?

– Ça fait trente ans qu'il me fait croire que la clé du paradis est **la trompette de l'ange Gabriel.** Trente ans que je souffle dedans ! »

CITATIONS

« Les Anglais ont inventé le foot, les Français l'ont organisé, les Italiens le mettent en scène. »

Éric Cantona

Le saviez-vous ?

De la peinture et des vessies de porc

Être peintre au XXIe siècle, c'est bénéficier de l'avancée technique qu'est ***le tube de peinture.*** Les choses n'ont pas toujours été ainsi. Au début du XIXe siècle, lorsqu'un peintre voulait peindre un paysage en extérieur, il transportait ses couleurs dans ***des vessies de porc.*** Il lui suffisait de la percer pour en faire sortir la peinture… Mais la vessie a ses limites : elle est en fait très peu étanche. La deuxième avancée en la matière se fait en 1841, lorsque John Goffe Rand décide de ***stocker la peinture dans des cylindres*** en étain dont les extrémités, pliées, peuvent être ouvertes grâce à une pince. Il faudra attendre 1865 pour que vienne s'ajouter à ce cylindre un petit bouchon à vis tout à fait hermétique. Depuis cette date, les tubes de peinture sont restés les mêmes !

EMILY BLUNT
a bégayé durant toute son enfance. L'actrice de *Edge of Tomorrow* (2014) et de *Sicario* (2015) a réussi à se débarrasser de ce défaut en prenant des cours de théâtre.

Une femme à sa voisine :

« Le premier de mes enfants a une angine. Mon deuxième a la rubéole. Mon troisième a la varicelle.

– Et votre tout ? demande la voisine pour se moquer.

– Ma toux ? Elle va mieux, merci ! »

Histoires Insolites

UNE SURVIVANTE DU TITANIC REJOUE LE DRAME AU CINÉMA, MOINS D'UN MOIS APRÈS

Après quelques semaines de repos bien mérité en France, l'actrice new-yorkaise Dorothy Gibson doit **RENTRER D'URGENCE À NEW YORK.** Un nouveau contrat très important vient de tomber et le patron du studio, Jules Brulatour, qui est accessoirement son amant, ne lui laisse guère le choix : l'entreprise est en difficulté et **LE PROJET POURRAIT SAUVER LA MISE.** L'actrice en pleine ascension a 22 ans, ce 10 avril 1912, lorsqu'elle embarque sur le *Titanic* à Cherbourg, en compagnie de sa mère. Logées en première classe, **LES DEUX AMÉRICAINES PROFITENT DU LUXE** du majestueux paquebot. Un soir, elles finissent par se laisser convaincre de passer la soirée en compagnie de deux banquiers qui jouent au bridge. Un moment jusqu'ici banal pour les passagers de la haute société. La mère de Dorothy se sentant exténuée, la jeune femme décide de la raccompagner dans sa cabine. Elles ne sont pas arrivées à destination lorsqu'**UNE TERRIBLE SECOUSSE SE FAIT SENTIR :** l'insubmersible vient de heurter un iceberg. Les passagers se mettent à courir dans tous les sens, ils crient et paniquent. Les deux femmes, elles, n'ont pas vraiment le temps d'avoir peur pour leur vie : elles sont très vite invitées à monter dans le canot de sauvetage n° 7 – le premier à être mis à l'eau et à s'éloigner –, d'où elles voient le paquebot sombrer à tout jamais dans l'océan Atlantique. Au petit jour, le cargo *RMS Carpathia* arrive enfin sur les lieux du drame, en quête de survivants. Dorothy et sa mère sont ramenées à New York avec les autres chanceux. À son arrivée, l'actrice est attendue par Jules Brulatour.

D'emblée, ce dernier lui offre une bague : en apprenant la tragique nouvelle, il s'était **PROMIS D'ÉPOUSER LA JEUNE FEMME SI ELLE S'EN SORTAIT** (ce qu'il ne fera qu'en 1917). Encore traumatisée par la nuit qu'elle vient de vivre, la jeune femme n'est pas au bout de ses surprises. Le producteur a aussi pris une autre décision : il va **FAIRE UN FILM SUR LE DRAME DU TITANIC,** comblant ainsi le besoin des Américains de voir des images de la tragédie... Les studios Éclair, pour lequel travaille Dorothy Gibson, ne veulent pas laisser passer cette opportunité. **LE SCÉNARIO EST ÉCRIT EN QUELQUES JOURS** et envoyé à la rescapée, encore traumatisée par la catastrophe. *Saved from the Titanic* doit être tourné en une semaine, mais le calvaire durera plus longtemps que prévu. Les journées sont rudes pour l'actrice, à qui l'on demande de rejouer des scènes qu'elle a réellement vécues. Pire encore, pour rendre le film plus réaliste, la production l'oblige à **PORTER LES MÊMES VÊTEMENTS** que la nuit du drame ! Moins d'un mois après le naufrage, Dorothy vit ce tournage comme une torture. Au mois de mai 1912, le film sort et fait un carton : **IL SAUVE LES STUDIOS ÉCLAIR** de la catastrophe économique. Si quelques critiques admettent que ce projet est sadique pour l'actrice, le public est au rendez-vous. Jules Brulatour est parvenu à rendre sa fiancée célèbre dans tout le pays, mais aussi en Allemagne et au Royaume-Uni. Cependant, ce tournage sera de trop pour la star. Dorothy Gibson décide de devenir chanteuse d'opéra. Elle divorce de son bourreau en 1919 et **DISPARAÎT DU FEU DES PROJECTEURS** en 1924. Le film, lui, a disparu depuis bien longtemps : deux ans après le naufrage et le tournage qui s'en est suivi, **LES DERNIÈRES COPIES ONT BRÛLÉ** dans le grand incendie des studios Éclair.

Source : *So Film*

Le WEB du WCB

La photographie amateur a enfin sa galerie d'art !

Avec l'évolution des smartphones et de leur qualité photographique, nous prenons de plus en plus de photos. Que diriez-vous de tenter de vendre les vôtres sur un site spécialisé ? Coogee se présente comme **une galerie d'art virtuelle** dans laquelle sont exposés et vendus des clichés d'amateurs. Si vous cherchez une photo originale à faire encadrer pour décorer votre salon, votre bonheur se trouve sans doute sur Coogee : des milliers de photos classées par thème n'attendent que vous ! Vous pouvez **choisir votre format,** votre type d'encadrement, etc. pour des prix défiant toute concurrence. La créatrice du site a eu cette idée en rentrant d'un tour du monde lors duquel elle avait pris des milliers de photos. Qu'allait-elle faire de tous ces clichés, une fois montrés à ses amis ? C'est ainsi que le concept de **valorisation du talent des artistes amateurs** est né ! Vous êtes photographe et vous souhaitez un jour être exposé dans le salon de quelqu'un à l'autre bout du monde ? Proposez vos photos, **arrondissez vos fins de mois** avec les ventes et surtout, ayez l'assurance que vos clichés seront enfin appréciés à leur juste valeur !

https://coogee.io

Un record en béton pour la Chine !

Entre **2011** et **2014,** la Chine a utilisé plus de béton que les États-Unis durant **tout le XXe siècle !** Avec **6,6 gigatonnes** de béton en **3 ans,** le pays d'Asie bat largement les **4,4 gigatonnes** utilisées par les Américains entre **1900** et **2000.** À elle seule, la Chine consomme aujourd'hui **58 %** de la production mondiale.

J'AI INVENTÉ LA ROUE OVALE...
IMPOSSIBLE DE S'ENDORMIR AU VOLANT

Quand on
est jeune, on dit :
« Au lit, je suis génial ! »
Après, on
vieillit et on dit :
« Génial, je suis au lit ! »

J’ai vu les populations laborieuses du Cap.

J’AI VU LES COPULATIONS LABORIEUSES DU PAPE.

Pourquoi les poils s'arrêtent-ils de pousser ?

Certains curieux ont déjà dû se poser la question : pourquoi peut-on avoir les cheveux très longs, mais ***pas les poils ?*** En fait, la durée de croissance d'un poil est d'un à deux mois. Après ça, les cellules responsables de la pousse meurent, ce qui stoppe la croissance. Le poil finit par tomber, poussé par l'arrivée ***d'un nouveau poil.*** Et contrairement à la croyance populaire, ***les cheveux ne poussent pas*** indéfiniment non plus ! Leur durée de croissance est plus lente, mais aussi plus longue : entre deux et cinq ans. C'est pour ça qu'il est aisé de croire qu'ils poussent à l'infini !

Histoires Insolites

IL VOULAIT TUER LE PRINCE CHARLES POUR FAIRE COURONNER HARRY, ROUX COMME LUI...

La discrimination n'est pas uniquement une affaire d'origine. Ainsi, Mark Colborne se sent depuis longtemps marginalisé **À CAUSE DE SA COULEUR DE CHEVEUX :** il est roux. Pour se venger, ce Britannique de 37 ans avait établi un plan pour le moins tiré par les cheveux... En 2015, il a été reconnu coupable d'avoir **PROJETÉ LE MEURTRE DES PRINCES CHARLES ET WILLIAM** afin de permettre au prince Harry d'accéder au trône. La raison ? **HARRY EST ROUX COMME LUI,** et il mérite d'être roi ! Dans son journal intime, les enquêteurs ont pu lire les revendications de l'homme, qui voulait que le monde assiste à la métamorphose *« d'un représentant de cette pauvre communauté rousse qui se laisse marcher sur les pieds, en un terroriste militaire »*. Heureusement, Mark Colborne a pu être interpellé avant qu'il ne commette l'irréparable : son demi-frère avait trouvé des documents sensibles et **DES ARMES CHIMIQUES** dans sa maison de Southampton. Ce que le « terroriste roux » n'avait pas pris en compte, c'est que **MÊME EN TUANT CHARLES ET WILLIAM, LE TRÔNE N'AURAIT PAS ÉTÉ DESTINÉ À HARRY...** puisque William était déjà père du prince George, le successeur légitime !

10 MINUTES.

C'est le temps qu'il a fallu à **Lady Gaga** pour écrire son tube *Born this way*, resté plusieurs semaines en tête des ventes dans de nombreux pays. Rentable, la minute !

« Regarde, chérie !
Tu trouves que je fais
bien **l'hélicoptère**
avec mon sexe ?

– QUOI ?! PARLE PLUS
FORT ! AVEC CE VENT,
JE NE T'ENTENDS
PAS ! »

À la Foire de Paris, Geneviève s'arrête devant le stand de Bernard qui vend des crèmes rajeunissantes. Elle reste perplexe et lui demande :

« Vous êtes certain que ça marche votre crème. Il y a quoi dedans ? »

Bernard se tourne alors vers la jeune et magnifique vendeuse qui l'accompagne et lui dit :

« Maman ! Tu peux renseigner la dame ? »

Le plus efficace contre les taches de sang.

De nos jours, dans les supermarchés, on trouve de tout en matière de lessive et de produits de lavage : pour le blanc, pour la laine, pour le noir, contre les taches de chocolat, de graisse, de boue, etc. Une chose est certaine : contre le sang, *le produit le plus efficace s'achète en pharmacie !*

En effet, une astuce simple pour nettoyer le sang sur un vêtement blanc est de le *faire tremper dans une bassine en y ajoutant un comprimé effervescent.*

Si vous n'en avez pas sous la main, utilisez de l'eau oxygénée. Si les taches de sang ont séché, utilisez de *l'ammoniaque* et tamponnez. Mettez au préalable un tissu propre sous celui que est taché pour absorber l'humidité.

Une histoire de fesses

L'attraction pour les fesses a un nom : ça s'appelle ***la pygophilie.*** Si beaucoup peuvent se déclarer ouvertement pygophiles, il existe pourtant plusieurs niveaux. Il y a celles et ceux qui se retournent dans la rue pour ***admirer un joli popotin,*** mais d'autres cas se rapprochent du fétichisme. Certains peuvent ainsi éprouver un intense plaisir à ***frotter leurs fesses*** contre celles des autres…

JEUX

MOTS CROISÉS

Horizontalement

1 - Province de l'ouest - Province frontalière
2 - Vides - Ingurgiter
3 - Terre des Grecs - Soldats africains - Cale
4 - Refait - Société
5 - Rayons de bronzage - Égalité - Ancien État souverain
6 - Rivière française - Démenti - Tenté
7 - Bout de bois - Partie de montre
8 - Chiffre romain - Moyens de communication - *Confer*
9 - Diffuseuse - Distances anglaises

Verticalement

I - À l'est de la Saintonge
II - Venue sur terre - Diversifié
III - Oui allemand - Poisson cartilagineux
IV - Nombre impair - Insecte de zone humide
V - Fantasme - À + le
VI - Apprises - Compagnies républicaines de sécurité
VII - Qui utilise toute la gamme
VIII - Elle sort du volcan - Poisson rouge
IX - Pour s'adresser à César - Autour de Bourges
X - Piège à poissons - Roi de Judée
XI - Décilitre - Grosse mouche
XII - Défaite - Plaque de consul
XIII - Longue période - Jamais servis

JEUX

	I	II	III	IV	V	VI	VII	VIII	IX	X	XI	XII	XIII
1						■							
2							■						
3			■								■		
4		■							■				■
5				■				■					
6						■				■			
7					■							■	
8			■								■		
9								■					

Solution page 610

TESTEZ VOTRE COUPLE EN ALLANT CHEZ IKEA !

Tout le monde connaît la célèbre **MARQUE D'AMEUBLEMENT SUÉDOISE** Ikea. Si arpenter ses allées peut être un plaisir, les couples qui s'y sont rendus savent que **C'EST SURTOUT UNE RUDE ÉPREUVE.** La psychothérapeute américaine Ramani Durvasula s'est penchée sur « le cas Ikea » : pourquoi les amoureux se déchirent-ils plus souvent dans les rayons de ce magasin qu'ailleurs ? Un magasin Ikea est littéralement une **« CARTE GÉOGRAPHIQUE DES CAUCHEMARS CONJUGAUX »,** a-t-elle sérieusement déclaré au *Wall Street Journal* ! D'après elle, **TROIS ZONES SONT PLUS DANGEREUSES** que les autres : le rayon cuisine, le rayon literie et la zone des chambres d'enfants. Le lit évoque **L'ASPECT SEXUEL** de la relation, la cuisine rappelle **LES CORVÉES** et la chambre d'enfants **LA PARENTALITÉ** et ses problèmes. Selon la spécialiste, les couples remettent en question leur compatibilité au moindre désaccord. Si lui préfère le vert et vous le bleu, si elle adore le bois et vous craquez pour le marbre, c'est sans doute que vous n'avez rien à faire ensemble ! L'exploration du couple se poursuit ensuite lorsqu'il s'agit de monter ensemble un meuble. Face à une notice, il n'est pas rare de s'emporter et de **DEVENIR AGRESSIF ENVERS SON PARTENAIRE.** À tel point que certains psychothérapeutes ont transformé l'épreuve en exercice : le but étant d'assembler des pièces à deux, sans céder ni à l'agressivité, ni à la colère. Les spécialistes s'accordent à dire que **LE MONTAGE D'UN MEUBLE EN COUPLE** révèlent aussi d'autres problèmes : de communication, d'écoute de l'autre ou encore d'acceptation de ses propres erreurs.

L'étude effectuée par le Dr Damani Durvasula a été tellement prise au sérieux que l'université de Harvard a décidé de creuser plus encore les recherches en publiant **UNE THÉORIE INTITULÉE « L'EFFET IKEA »** *(The Ikea Effect).* Elle explique que l'atmosphère du grand magasin combine l'excitation et le stress dans un cocktail nocif qui atténue toute forme de maturité et de patience. Merci Ikea !

ALFIE ALLEN,
alias Theon Greyjoy
dans la série culte
Game of Thrones,
n'est autre que le
frère de la chanteuse
Lily Allen.

Mickaël hésite, tourne autour du pot, puis finit par se lancer :

« Chérie, **je peux te poser une question ?**

– Bien sûr, mon amour, qu'y a-t-il ?

– J'ai peur que tu t'énerves…

– Mais non, promis !

– Comment tu t'appelles déjà ? »

« L'humour renforce notre instinct de survie et sauvegarde notre santé d'esprit. »

Charlie Chaplin

Le saviez-vous ?

Football américain : une réputation fondée

Le football américain, contrairement à celui qui se joue avec un ballon rond, a la réputation d'être très dangereux. Une étude de 2015 prouve le bien-fondé de cette réputation en publiant des statistiques qui parlent d'elles-mêmes : 96 % des joueurs décédés souffraient d'une ***affection cérébrale.*** Cette maladie neurodégénérative est connue sous le nom ***d'encéphalopathie traumatique chronique,*** qui affecte aussi beaucoup ***d'anciens boxeurs.*** La Ligue nationale de football américain n'est pas restée insensible aux résultats de cette enquête puisqu'elle affirme faire au mieux pour que ce sport devienne ***moins violent.*** De ce fait, les recherches scientifiques devraient continuer dans les années à venir, afin de s'assurer que les mesures prises se ressentent dans les résultats. Qui disait que les footballeurs n'avaient pas de cerveau ?

MORTELLE, L'AUTOPSIE !

Vous connaissez sans doute l'abbé Prévost comme l'auteur de la célèbre œuvre *Manon Lescaut*. Ce que vous ne savez peut-être pas, c'est qu'il est **MORT D'UNE MANIÈRE POUR LE MOINS INSOLITE !** En 1763, alors qu'il revient d'une visite aux bénédictins de Saint-Nicolas-d'Acy, sur l'actuelle commune de Courteuil (Oise), l'écrivain est victime d'une **CRISE D'APOPLEXIE.** Retrouvé le lendemain, il est transporté au presbytère, où le bailli de l'abbaye fait appel au chirurgien du coin pour **PRATIQUER UNE AUTOPSIE.** Alors que le spécialiste donne le premier coup de scalpel pour ouvrir le corps, l'abbé Prévost **SE RÉVEILLE ET SE MET À CRIER,** avant de succomber à l'incision... du scalpel ! le prêtre, cette fois, meurt pour de bon, alors que le chirurgien tentait de recoudre la plaie.

Germaine, 92 ans, demande à son mari Léon, 95 ans :

« As-tu pris tes comprimés pour la mémoire ?

– Ben… Je ne m’en souviens plus… »

« C'est seulement
à l'instant de les quitter que
l'on mesure son attachement
à un lieu, une maison,
ou à sa famille. »

Éric Cantona

Le saviez-vous ?

La grande muraille de Chine raccourcit d'année en année !

Plus grand édifice construit par l'homme, ***la muraille de Chine rétrécit*** chaque année… Depuis sa construction au IIIe siècle, elle a perdu 1 961 kilomètres, c'est-à-dire ***30 % de sa taille initiale !*** Et la raison n'est pas scientifique… Les fautifs sont les villageois qui volent des pierres pour ***se construire des maisons.*** Depuis 2006, quiconque est pris en flagrant délit de vol sur la Grande Muraille est puni d'une amende de 5 000 Yuans, c'est-à-dire moins de 1 000 euros. Une sanction jugée peu sévère puisqu'***elle ne dissuade pas les voleurs*** de commettre leur crime. L'autre cause des récidives est sans doute le fait qu'aucun organisme n'est chargé de faire respecter ces règles. Bref, il se pourrait que, ***dans quelques siècles,*** la Grande Muraille de Chine n'apparaisse plus que dans les livres d'histoire.

Le papa réprimande sa fille Amélie :
« Pourquoi traites-tu ton frère d'idiot ?
Dis-lui tout de suite que tu regrettes ! »
Elle se tourne vers son frère et lui dit :
« Léo, je regrette que tu sois un idiot ! »

LA PREMIÈRE « RÉSERVE DE CIEL ÉTOILÉ »

L'Observatoire astronomique du Mont-Mégantic ne permettait plus d'observer quoi que ce soit lorsqu'en 2003, **IL A TIRÉ LA SONNETTE D'ALARME.** La pollution lumineuse empêchait de voir le ciel et ses constellations. Dix ans plus tard, en 2013, les habitants de cette région du Canada peuvent **CRIER VICTOIRE :** ils ont fait diminuer l'éclairage artificiel de 30 % et ont **VU APPARAÎTRE DE NOMBREUX TRÉSORS CÉLESTES** qu'ils n'observaient plus depuis deux décennies. Pourtant, le projet n'a pas été simple à mener, principalement à cause de ceux qui rechignaient à changer leur mode d'éclairage. Une bonne **CAMPAGNE DE SENSIBILISATION** plus tard, tous se sont mis d'accord : économies, écologie et ciel étoilé font un bon cocktail. Aujourd'hui, l'Observatoire astronomique du Mont-Mégantic jouit d'un titre inédit sur Terre, celui de **PREMIÈRE « RÉSERVE DE CIEL ÉTOILÉ » !**

Le petit Mario a eu une mauvaise note à un contrôle de maths. Sa mère l'interroge :

« Tu étais loin de la bonne réponse ?

– Assez, oui. Le premier de la classe sur qui je copie habituellement était 3 rangées devant moi. »

CITATIONS

« Il faut se méfier du patriotisme car les instincts meurtriers dorment au cœur de chaque nation. »

Charlie Chaplin

COIN-COIN !

Le saviez-vous ?

Avez-vous le gène du voyageur ?

Regardez dans votre entourage ou en parcourant les photos Facebook de vos amis virtuels : certains adorent voyager à travers les continents tandis que d'autres partent, au mieux, ***au camping de la région*** une semaine par an… Cette envie de voir d'autres horizons serait inscrite (ou pas) ***dans nos gènes !*** En effet, selon certains scientifiques, le gène de la bougeotte serait un ***dérivé du gène DRD4,*** associé au niveau de dopamine dans le cerveau. Seulement 20 % de la population serait porteuse de ce gène, avec une ***plus forte concentration dans les pays éloignés*** de l'Afrique. Pourquoi ? Tout simplement parce que l'humanité viendrait de l'Afrique : si vous n'êtes pas en Afrique, c'est que vos ancêtres ont bougé, donc vous avez plus de chances d'avoir développé ce gène ! Porteur ou pas du gène voyageur, ***il n'est jamais trop tard pour sillonner le monde.*** L'ADN ne fait pas tout !

COMMENT JULIUS NEUBRONNER A INVENTÉ LE DRONE AVANT L'HEURE

Début du XXe siècle. L'apothicaire allemand Julius Neubronner a pris l'habitude de **TRANSMETTRE SES ORDONNANCES PAR PIGEON VOYAGEUR.** Un jour, l'un des oiseaux se perd dans la brume. Pour comprendre l'itinéraire qu'empruntent ses fidèles coursiers, l'homme décide de tenter une expérience : **IL ACCROCHE UN APPAREIL PHOTO** léger sur l'abdomen de l'animal à l'aide d'un harnais fait d'aluminium. Durant le trajet, l'appareil déclenche automatiquement, à intervalles réguliers, une prise de vue, permettant au spécialiste de suivre le trajet de l'oiseau. Julius Neubronner dépose le brevet de son invention en 1908 et **COMMERCIALISE LE CONCEPT.** Pour faire parler de lui, il décide de transformer les clichés pris durant le vol des pigeons en cartes postales. Le gouvernement allemand ne tarde pas à s'intéresser au projet et ouvre même **UN CENTRE D'ENTRAÎNEMENT POUR LES PIGEONS VOYAGEURS.** Les animaux entraînés participent ainsi à la Première Guerre mondiale dans le service de photographie aérienne. On raconte que plus tard, dans les années 1970, **C'EST LA CIA ELLE-MÊME QUI UTILISERA L'INVENTION** de Neubronner pour des missions secrètes ! Qu'on le veuille ou non, Julius Neubronner a quand même inventé le principe du drone espion un siècle avant sa popularisation !

Humour

Deux ivrognes sont dans une barque et dérivent depuis plusieurs jours sans avoir ni à boire ni à manger, quand l'un d'eux repêche une ancienne lampe à huile. Il la frotte et un vieux génie apparaît :

« Écoutez, je suis fatigué d'exaucer des vœux, alors je ne vais vous en accorder qu'un seul… Réfléchissez bien !

Le premier ivrogne répond aussitôt :

– Je veux de la bière à volonté, pour ne plus jamais avoir soif !

Alors le génie transforme la mer en un océan de bière. L'autre ivrogne, énervé, s'exclame :

– C'est malin ! Maintenant, on va être obligé de pisser dans la barque ! »

Pourquoi mange-t-on du pop-corn au cinéma ?

C'est aujourd'hui une habitude pour de nombreux spectateurs : ***manger du pop-corn*** devant le grand écran, c'est banal. Mais pourquoi pas des cacahuètes ou des pralines ? Il y a une raison. En 1848, le pop-corn se répand en Nouvelle-Angleterre, si bien ***qu'il fait son entrée dans le dictionnaire*** des américanismes, mais pas encore dans les cinémas, qui n'existent pas ! Les gens mangent plutôt le pop-corn dans la rue, en l'achetant aux ***marchands ambulants.*** Les premiers films étaient muets, les spectateurs respectueux et plutôt aisés ne consommaient donc pas de pop-corn devant l'écran. Cependant, l'apparition du son dans les années 1920 va démocratiser les séances de cinéma, multipliant le nombre de spectateurs et accueillant ainsi les personnes plus modestes. À cette époque, le pop-corn se vend toujours dans la rue, devant les cinémas, mais il n'est pas encore question d'entrer dans la salle avec. La Grande Dépression va changer les choses. ***Peu coûteux,*** le pop-corn devient alors un bon moyen de relancer l'économie. Il est désormais vendu dans les salles obscures. Lorsque la télévision se popularise, le cinéma est peu à peu abandonné et le pop-corn avec. Mais ***l'apparition des fours*** dans les foyers va changer la donne : les publicitaires vont inciter les gens à consommer du pop-corn chez eux, ***comme au cinéma !*** C'est donc grâce à la Grande Dépression qu'aujourd'hui, certains en mangent même en regardant des films ou des séries devant leur ordinateur…

Le saviez-vous ?

De quoi rêve votre chien ?

Tous les propriétaires de chiens se sont posé la question au moins une fois : ***de quoi rêve leur compagnon*** à quatre pattes ? Une scientifique s'est penchée sur la question et le résultat va vous plaire. Deirde Barret a en effet réussi à prouver que le maître ne quitte pas l'esprit des canidés de compagnie aussitôt leurs petits yeux fermés. En comparant ses études sur le sommeil humain avec celles sur les chiens, la spécialiste est parvenue à la conclusion suivante : le chien, tout comme l'homme, rêve de ***la journée qu'il vient de vivre*** et plus généralement de tout ce qui l'intéresse. Ainsi, plus vous êtes présent pour votre compagnon, plus il y a de chances ***qu'il rêve de vous !*** À l'inverse, en observant les mouvements du félin durant la phase de sommeil paradoxal, lors de laquelle sont produits les rêves, le chercheur Michel Jouvet a conclu que ***les chats chassent dans leurs rêves.***

Source : dailygeekshow.com

UN NOUVEAU SPORT NATIONAL EN ANGLETERRE !

Tous les fans de *Harry Potter* connaissent le quidditch ! Désormais, en Angleterre, le connaître sera une question de culture générale : le sport des sorciers a récemment été **RECONNU SPORT NATIONAL ET FAIT L'OBJET D'UN CHAMPIONNAT !** À l'origine, il s'agissait donc d'un sport fictif, se jouant sur des balais volants. Deux équipes de sept joueurs s'affrontent pour marquer le plus de points possible. Pour ce faire, deux solutions, les joueurs doivent attraper le souafle, une balle, et la mettre dans les cerceaux de l'équipe adverse. Deuxième solution, la plus classe : **ATTRAPER LE VIF D'OR,** une balle volante très énergique. La version pour les Moldus (comprendre, les non-sorciers) a fait fureur aux États-Unis et compterait 20 000 adeptes à travers la planète. Suivant cette mode, **L'ANGLETERRE A OFFICIALISÉ CE SPORT COMME UNE DISCIPLINE** à part entière. Une Coupe du monde se tient même tous les 4 ans ! Qui sait, peut-être qu'un jour, ce sport sera aussi médiatisé que le football ? En attendant, à vos balais !

Humour

Deux amis, Michel et Victor, se rencontrent en ville. Michel, joueur invétéré, dit à son copain :

« Il faut que je t'annonce une grande nouvelle, mon ami : j'arrête de jouer ! Plus de casino, plus de tiercé, plus de poker…

– Bravo ! lui dit Victor. Mais pardonne-moi, te connaissant, j'ai du mal à y croire… Je suis même sûr que tu ne tiendras pas !

– Ah ouais !? Tu paries combien ? »

Charlotte se confie à son amie Alice :

« Hier soir, mon mari et moi sommes enfin parvenus à une parfaite harmonie sexuelle !

– Comment ça ? Raconte…

– Nous avions tous les deux la migraine ! »

Des Chiffres, Des Chiffres

Le Festival de Cannes en quelques chiffres amusants

Le Festival de Cannes le plus court a duré **0 jour !** Le premier festival a commencé le jour où l'Allemagne a envahi la Pologne. C'était plus sage d'annuler...

Une édition du Festival de Cannes, c'est en moyenne **600 flacons de vernis à ongles** et **360 000 flûtes à champagne** remplies... et donc vidées !

La Palme d'or, qui pèse 1,4 kilo, coûterait entre **20 000 et 35 000 euros.**

Il faut **1 600 mètres** de tapis rouge pour **1 édition :** d'une longueur de **60 mètres,** il est changé **2 à 3 fois par jour,** pendant **10 jours.**

En apparaissant sur le tapis rouge sans culotte en **2013,** l'actrice Eva Longoria a fait l'objet de **9 346 tweets.**

Source : *www.auféminin.com*

Seins sans frontières

Une étude a été réalisée sur 342 000 femmes de 108 nationalités différentes afin de déterminer quel pays peut se targuer d'avoir les poitrines les plus généreuses… Les Américaines d'origine caucasienne remportent largement la mise avec ***un bonnet en moyenne supérieur à F,*** mais aussi 1 668 mL de tissu mammaire.
La deuxième position est détenue par le Canada et la troisième par les Américaines d'origine non caucasiennes.
Le prix des ***plus petites poitrines*** revient aux Philippines.
Les Françaises, quant à elles, n'apparaissent ***pas dans les 15 plus grosses*** poitrines… mais pas non plus dans ***les 15 plus petites !***

IL A ÉTÉ PAYÉ PENDANT 6 ANS POUR LIRE

En 2010, alors que la ville de Cadix s'apprêtait à lui **DÉCERNER UNE PLAQUE COMMÉMORATIVE** pour ses 20 ans de bons et loyaux services, une enquête est ouverte sur Joaquin Garcia. On découvre alors que cet employé municipal au service des eaux **N'A PAS TRAVAILLÉ UN SEUL JOUR** depuis l'année 2004, tout en continuant à toucher son salaire d'environ 2 000 euros par mois ! Le chef censé le superviser, qui occupe un bureau en face de celui de Garcia, ne l'aurait pas vu sur son lieu de travail une seule fois depuis des années. Joaquin Garcia certifie que **TOUS LES MATINS SANS EXCEPTION,** il se rendait pourtant à son bureau. Comment est-ce possible ? L'accusé finit par avouer qu'il n'avait rien à faire et que, **PAR PEUR D'ÊTRE LICENCIÉ,** il a préféré se taire. Et pour s'occuper durant ses longues heures d'inaction, **IL A LU TOUT L'ŒUVRE DU PHILOSOPHE BARUCH SPINOZA !** Condamné à une amende de 27 000 euros, l'homme n'a cependant pas pu être licencié, puisqu'il était déjà à la retraite quand l'affaire a été découverte… Maintenant qu'il est devenu un expert dans le domaine, il a le bagage nécessaire pour prendre sa situation avec philosophie !

Gérard est en train de siroter un verre de vin en compagnie de sa femme Élodie. Il lui déclare :

« Je t'aime vraiment beaucoup et je ne sais pas si je pourrais vivre sans toi.

– C'est toi ou le vin qui parle ?

– C'est moi qui parle au vin ! »

POURQUOI DIT-ON... « TRAVAILLER AU NOIR » ?

Au Moyen Âge, il était **interdit de travailler la nuit.** Les travailleurs effectuant déjà une douzaine d'heures par jour, limiter l'ouvrage aux heures diurnes permettait d'éviter les abus. Cependant, lorsque les travaux prenaient du retard, certains maîtres n'hésitaient pas à faire travailler leurs ouvriers ***après la tombée de la nuit.*** Ils travaillaient alors dans la pénombre, c'est-à-dire « au noir », pour ne pas être repérés. Aujourd'hui, l'expression s'utilise pour ***tout travail illicite,*** qu'il soit nocturne ou diurne. De même, le marché noir signifie le marché que l'on veut cacher, que l'on dissimule dans la pénombre parce qu'il est illégal.

New York, une densité XXL

Si tous les humains vivaient dans une zone aussi ***densément peuplée que la ville de New York,*** le seul État du Texas suffirait à tous nous faire tenir ! Il faut dire qu'avec ses 8 millions d'habitants, New York est la ville la plus peuplée des États-Unis. D'après les pronostics des démographes, elle pourrait atteindre les 9,4 millions d'habitants d'ici 2025 ! Aujourd'hui à Manhattan, la densité est de ***25 846 habitants/km^2.*** À titre comparatif, la densité dans l'agglomération de Paris est de 20 347 habitants/m^2, ce qui est déjà beaucoup !

UN CHOCOLAT POUR SOIGNER LES RÈGLES DOULOUREUSES

Chaque mois, c'est le même cauchemar pour **LES FEMMES QUI SOUFFRENT DE DYSMÉNORRHÉES,** à savoir les règles douloureuses. Mesdames et mesdemoiselles, sachez qu'il existe une autre option que le paracétamol… et elle va vous ravir ! Le confiseur helvétique Marc Widmer a inventé la marque Frauenmond, qui se traduirait par **« LUNE DES FEMMES ».** Plutôt joli pour **UN NOM DE CHOCOLAT** et pertinent lorsqu'on sait que **CETTE GOURMANDISE ATTÉNUE LES DOULEURS DUES AUX RÈGLES !** Composé de 60 % de cacao allié à d'autres plantes – 17 végétaux sauvages cueillis en Suisse –, ce chocolat stimulerait la production de sérotonine. En résumé, **CETTE CONFISERIE APAISE LA DOULEUR** causée par les règles, **MAIS AUSSI LES SAUTES D'HUMEUR** qui peuvent en découler. Votre prochaine excuse pour manger du chocolat est toute trouvée !

Un homme entre dans un bistrot et s'adresse au patron :

« Servez-moi un double whisky, ça me remontera le moral. Vous ne savez pas ce que j'ai vu ? Je viens de surprendre ma femme avec mon meilleur ami !

– Oh, le salaud ! J'espère que vous lui avez mis une bonne raclée !?

– Bien sûr ! Je lui ai filé un bon coup de pied dans le cul et il sera privé de Canigou pendant 3 jours ! »

CITATIONS

« La chose la plus triste que je puisse imaginer, c'est de s'habituer au luxe. »

Charlie Chaplin

Quand des éleveurs australiens ont inventé le *paintball*

Le fusil qui sert aujourd'hui à jouer au *paintball* avait, dans les années 1970, une véritable ***utilité pour les éleveurs de bétail.*** Très éloignés les uns des autres, les ranchs australiens obligeaient les éleveurs à se déplacer à moto, en 4X4, voire en hélicoptère. Pour marquer leurs bêtes, il était alors plus pratique et efficace de ***ne pas descendre du véhicule.*** C'est ainsi que les éleveurs se sont mis à ***utiliser ces « lanceurs »,*** fusils capables de propulser une bille de peinture à des dizaines de mètres. Les domaines mesurant des centaines de kilomètres, il n'était alors pas rare que les troupeaux se mélangent avec ceux du voisin. Très vite, chaque cow-boy choisit alors une couleur de peinture pour différencier facilement ses bêtes de celles des autres exploitations. Les cow-boys ne résistent pas longtemps à ***l'envie de s'amuser*** avec ce fusil… Sans surprise, ils se mettent à se tirer dessus, pour se détendre et s'amuser. Et ça marche ! Les patrons d'exploitations auraient, à cette époque, remarqué ***une baisse du nombre de bagarres*** entre leurs employés… Leur nervosité était canalisée par ce nouveau jeu ! Du coup, ***des tournois entre ranchs*** sont rapidement organisés et la fièvre ne tarde pas à toucher la Nouvelle-Zélande, puis les États-Unis dans les années 1980. Le *paintball* était né !

APRÈS L'ÉCHELLE DE RICHTER, CELLE DE VILLEJUIF !

En flânant sur Internet, entre deux vidéos drôles ou insolites, il n'est pas rare de **TOMBER SUR DES PÉPITES D'EMBARRAS,** des paroxysmes du malaise. Des images tellement gênantes qu'elles ne sont même pas risibles. Ce sentiment de honte pour quelqu'un d'autre a désormais une échelle, tout comme l'échelle de Richter permet de mesurer la force d'un séisme : elle s'appelle l'ECVJ, **L'ÉCHELLE CARREFOUR VILLEJUIF.** Cette notation a été inventée sur le forum 18-25 de *www.jeuxvideo.com* après que les employés du magasin Carrefour de Villejuif ont publié une vidéo au début de l'année 2016 : les images montrent ces employés déguisés, chantant sur le mode de la comédie musicale, **POUR DISTRAIRE DES CLIENTS… INDIFFÉRENTS.** Depuis, les vidéos embarrassantes du Web sont naturellement notées selon cette nouvelle échelle. Cependant, **IL EXISTE DEUX ÉCOLES POUR LE MODE DE NOTATION :** certains pensent que l'incident du Carrefour de Villejuif constitue le sommet de l'échelle, soit 10. D'autres considèrent que **DE NOMBREUSES VIDÉOS SONT PLUS GÊNANTES** que cette dernière, qui devrait plutôt constituer une unité de mesure, communément écrite CdV. Ainsi, une vidéo à 10/10 sur l'ECVJ mesurerait 1 CdV, tandis qu'une autre à 15/10 équivaudrait à 1,5 CdV. Une vraie science ! Quoi qu'il en soit, **LES EMPLOYÉS DU CARREFOUR DE VILLEJUIF SONT ENTRÉS DANS L'HISTOIRE…**

Humour

Dans la rue, un vendeur de journaux crie :

« Une astucieuse escroquerie : trente-huit victimes ! »

Alléché par cette annonce, un promeneur l'arrête et lui achète aussitôt un exemplaire. Le porteur de journaux poursuit son chemin en s'égosillant :

« Une astucieuse escroquerie : trente-neuf victimes ! »

Humour

Vendredi soir, un patron demande à sa secrétaire :

« Marie, que faites-vous ce week-end ?

À cet instant, son intuition féminine lui fait comprendre que sa vie va enfin changer.

– Rien de spécial, monsieur le directeur !

– Alors, couchez-vous de bonne heure, cela vous évitera d'arriver en retard lundi matin ! »

« Il n'existe que deux choses infinies, l'univers et la bêtise humaine... Mais pour l'univers, je n'ai pas de certitude absolue. »

Albert Einstein

Le saviez-vous ?

Une étude qui va donner de l'espoir aux célibataires !

Chers célibataires, ***arrêtez de vous lamenter !*** C'est maintenant prouvé scientifiquement : le célibat est ***plus épanouissant*** que le mariage ! Il est vrai que, dans la culture populaire, les gens seuls sont diabolisés : que ce soit dans les films, les séries, les romans ou dans l'esprit de nos mamans, les célibataires ne sont pas heureux. Bella De Paulo, professeure à l'université de Californie, s'est penchée sur le sujet du célibat. Pour déterminer quelle situation était la plus épanouissante, ***elle a comparé la vie de 800 personnes,*** mariées et célibataires. À la fin de son analyse, elle est arrivée à la conclusion que « les célibataires ont ***un niveau plus élevé d'autodétermination,*** ils sont plus à même d'expérimenter un développement continu en tant qu'individu ». Moralité : ne cherchez pas coûte que coûte ***votre moitié sur les sites*** et applications de rencontres ! Plus de temps vous passerez seuls, plus vous vous développerez ! Mais si l'amour frappe à votre porte, ne le laissez pas poireauter dehors pour autant…

Source : *Konbini*

MOURIR DE JOIE, C'EST POSSIBLE !

En janvier 2015, Dimitrina Dimitrova rejoint son chéri à Ibiza, où il travaille. La jeune femme de 29 ans est **TRÈS AMOUREUSE** et envisage de s'installer avec lui, de trouver un emploi. Deux jours après avoir retrouvé son amoureux, **CE DERNIER L'EMMÈNE EN BALADE** sur les falaises au sud de l'île. Arrivé au sommet de l'une d'entre elles, le jeune homme **DEMANDE SA COPINE EN MARIAGE.** Dimitrina saute de joie… et **TOMBE DANS LE VIDE !** Si elle était consciente à l'arrivée des secours, elle n'a pas survécu à la chute de 20 mètres. Moralité : les demandes en mariage banales, c'est pas si mal !

En croisière, Raymond rentre soudainement dans sa cabine et dit à Germaine :

« Dépêche-toi d'écrire les cartes postales : je viens d'entendre le commandant dire qu'on allait jeter l'encre ! »

« COMME UN OURAGAN »

Tube de 1986 de Stéphanie de Monaco (en tête des ventes du Top 50 pendant plus de dix semaines consécutives), le titre a tout d'abord été proposé à Jeanne Mas. Elle l'a refusé, trouvant la chanson proche de *Johnny Johnny* (un tube qu'elle venait de sortir). Elle craignait que leur similitude ne soit pas bonne commercialement.

La mer la plus polluée du monde !

Et la palme de la mer la plus polluée du monde revient à… la Méditerranée ! En effet, la *Mare Nostrum* ***contient plus de 250 milliards de particules plastiques.*** Transportés par les rivières ou par la pluie, ces déchets sont réduits en nanoparticules par la houle, ce qui les rend ***invisibles à l'œil nu.*** Ainsi, la Méditerranée reste toujours aussi belle, mais il n'est pas certain qu'il soit très sain de ***s'y baigner régulièrement :*** si les impacts sur l'environnement n'ont pas encore été déterminés, des ***agents pathogènes*** ont été décelés par les scientifiques de l'Ifremer.

IL TENTE DE SE SUICIDER APRÈS AVOIR RENCONTRÉ SA FIANCÉE

En Chine, les mariages arrangés et forcés sont encore légion. Ainsi, il arrive que les futurs mariés ne se découvrent que **LE JOUR DU MARIAGE** ou peu avant... Et ça donne lieu à des situations insolites ! Alors qu'il arrive à la cérémonie de son mariage, Hang Ku **DÉCOUVRE LE VISAGE DE SA FUTURE MOITIÉ.** Pas le temps pour lui de prononcer ses vœux : il déclare à sa fiancée qu'elle est **TROP LAIDE POUR DEVENIR SA FEMME** et s'enfuit immédiatement de la cérémonie. Le jeune homme est repêché quelques minutes plus tard, inerte, dans l'eau d'une rivière... **IL AVAIT TENTÉ DE SE SUICIDER.** Après s'être remis de ses émotions, le jeune homme de 33 ans a expliqué que la laideur de la jeune femme aurait nui à son image. Honteux de la situation et de sa réaction, **IL N'AVAIT PAS TROUVÉ D'ALTERNATIVE AU SUICIDE.** Maintenant qu'il a été sauvé, il lui faudra bien en trouver une !

Anthony dit à sa femme Lucie :

« Ah, ma Lucie ! Comme nous étions heureux, il y a 15 ans !

– Mais, voyons, Anthony… Nous ne nous connaissions pas, il y a 15 ans !

– Justement, Lucie…justement… »

CITATIONS

« La connaissance s'acquiert par l'expérience, tout le reste n'est que de l'information. »

Albert Einstein

Humour

Deux gendarmes dans un village appellent le QG :

« Chef ! Une femme vient de tirer un coup de fusil sur son mari parce qu'il avait marché sur le carrelage qu'elle venait de laver !

– Vous l'avez arrêtée ?

– Heu… non chef… le carrelage n'est pas encore sec ! »

Le saviez-vous ?

Le cannabis bientôt utilisé aussi par les vétérinaires ?

Depuis la ***légalisation du cannabis*** dans certains États américains, les recherches sur les bienfaits de cette drogue se sont multipliées. Et depuis peu, les vétérinaires expérimentent également sa fonction ***d'antidouleur*** sur les animaux. Comme les humains, les bêtes peuvent être atteintes d'arthrose ou d'inflammation, mais elles peuvent aussi faire une dépression et perdre l'appétit. C'est ce qu'entendent combattre les vétérinaires pro-cannabis. Attention, ***on ne fait pas fumer les animaux !*** Il s'agit surtout d'infuser de la marijuana dénuée de THC ou d'utiliser de l'huile de cannabis. Ces pratiques, utilisées sur les chiens et les chats, sont cependant encore ***largement contestées.*** En effet, aucune étude à long terme n'a permis d'évaluer les risques sur les petits gabarits. Aux États-Unis et au Canada, les particuliers qui ont pu tester le ***cannabis thérapeutique*** sur leurs animaux en sont, pour l'instant, très contents !

IL SIMULE UN ACCIDENT POUR NE PAS RENTRER CHEZ LUI À PIED !

Il est 20 h 15 ce soir de mars 2015, lorsque **LA GENDARMERIE DE CORLIER, DANS L'AIN, REÇOIT UN APPEL :** un jeune de 19 ans signale un accident. Sur une petite route de campagne, **IL DÉCLARE AVOIR ÉTÉ PERCUTÉ** par un véhicule qui a pris la fuite. Les forces de l'ordre n'hésitent pas et contactent les pompiers en renfort pour venir secourir la victime. Une fois sur place, **LES POMPIERS CONSTATENT QU'IL N'EST FINALEMENT PAS BLESSÉ...** et pour cause ! Il a simplement fait déplacer la gendarmerie **POUR NE PAS RENTRER À PIED CHEZ LUI,** à Oyonnax (à une trentaine de kilomètres) ! Une ruse qui n'a pas du tout fait rire les autorités. D'autant plus que ce même jeune homme avait déjà tenté cette méthode l'année précédente. Jugé fragile psychologiquement, il pourrait cependant être poursuivi pour « **DÉNONCIATION DE FAITS IMAGINAIRES** ayant entraîné des recherches inutiles ».

Comment appelle-t-on une femme qui sait toujours où se trouve son mari ?

Une veuve.

L'application shopping qui a l'œil et du nez !

Il est de plus en plus simple de faire son shopping en ligne. Avec la plupart des sites Internet, il suffit de quelques clics pour commander une paire de chaussures ou une petite veste. Maintenant, il est même possible de **connaître la marque des vêtements portés par les acteurs** dans les films ou les présentateurs télé ! Un seul concept manquait aux *fashionistas* : celui de pouvoir **faire son shopping directement sur Instagram.** Mais **Flayr** est arrivé. En téléchargeant cette application, il vous suffira de **liker une photo** Instagram pour que le processus d'achat commence, par l'intermédiaire d'une notification reçue sur Flayr. Le produit convoité est déjà dans votre panier, vous n'avez **plus qu'à valider !** Pour que cela fonctionne, il faut que la marque ou l'utilisateur Instagram soit partenaire de Flayr. Compte tenu de l'avantage que cela peut apporter aux marques, il y a fort à parier pour qu'elles flairent vite le bon coup et s'y mettent d'ici quelques mois.

Flayr - Gratuit
Disponible sur iPhone, iPad et iPadTouch

LE PATRON DE SEGWAY SE TUE... EN SEGWAY

Le millionnaire britannique Jimi Heselden a racheté la société de gyropodes Segway depuis quelques mois lorsqu'**UN NOUVEAU PROTOTYPE LUI EST PRÉSENTÉ.** En bon patron, l'homme de 62 ans décide d'aller l'essayer. Non loin de son domicile dans le Yorkshire de l'Ouest, **IL MONTE SUR L'ENGIN À DEUX ROUES,** en perd le contrôle au bord d'un ravin et tombe dans la rivière Whalf. Un témoin raconte avoir vu l'homme chuter d'une dizaine de mètres avant de tomber à l'eau aux alentours de 11 h 40 du matin, le 26 septembre 2010. Il faut croire que **LE PROTOTYPE N'ÉTAIT PAS TRÈS AU POINT...**

Quel est le
point commun entre
JFK et DSK ?
Pour chacun d'eux,
un trou de balle leur
a été fatal !

À l'hôpital, un patient s'inquiète de son opération et demande au chirurgien:

« Combien cette intervention va-t-elle me coûter ?

– Ne vous en faites pas. Ce sont vos héritiers qui paieront ! »

Les bilingues sont-ils un peu fous ?

Les personnes bilingues fascinent encore et toujours. Cette facilité à s'exprimer, à penser et à passer d'une langue à une autre, sans accent, sans hésitation (la fascination est encore plus spectaculaire si ce sont des langues très éloignées), beaucoup d'entre nous l'envient. Mais cette mutation instantanée, ce passage d'un monde à un autre n'entraîne-t-il pas une transformation de la personnalité ?

Des recherches récentes à l'université de Lancaster sur les personnes bilingues ont évoqué un dédoublement de la personnalité. Par exemple, des tests sur des bilingues anglais-allemand ont démontré que chaque langue apporte un champ lexical propre et une vision de la vie différente. Les sujets s'exprimant en anglais se concentraient sur l'action en elle-même, tandis qu'en allemand le contexte jouait un rôle plus important. Pour les scientifiques, cela relève presque d'une division de la personnalité, d'une sorte de schizophrénie. Pourtant, la plupart des professionnels du bilinguisme s'opposent à ceci et définissent cette capacité comme un champ élargi de perceptions, d'émotions et d'aptitudes à s'exprimer. En fait, il serait plutôt question d'une potentialité d'adaptation à deux cultures différentes, à deux échelles de valeurs, de traditions, d'univers… Une double mentalité en quelque sorte, qui apporte une ouverture d'esprit et des compétences éducatives accrues. Et pour ce qui est du « changement de comportement », c'est la culture et l'environnement qui poussent les personnes bilingues à penser différemment, à ressentir même différemment. Notez, par exemple, que la langue maternelle sert plus souvent à dévoiler ses émotions comme gronder ses enfants ou dire « je t'aime », c'est également celle qui est la plus intime et spontanée. Tandis que la deuxième langue se manifeste facilement pour les sujets profonds ou le quotidien, comme un recul posé.

Pour conclure, sachant qu'on compte dans le monde 6 900 langues et dialectes et que plus des trois quarts de la population sont bilingues, voire plurilingues, un monolinguisme peut, au contraire, se révéler être un handicap…

JEUX

7 différences

Un homme dit à sa femme :

« Si ton frère nous remboursait ce que nous lui avons prêté l'année dernière, nous pourrions enfin partir en vacances !

– Je sais bien, mais il ne peut pas nous rembourser maintenant, car il vient de partir en vacances ! »

L'HOMME QUI VENDAIT LE PATRIMOINE MONDIAL

Apprentis commerciaux qui ne connaissent pas encore Arthur Ferguson, prenez-en de la graine. **CET HOMME EST UN GÉNIE !** Né à Glasgow en 1883, il a d'abord été acteur. Sa carrière finie, **IL CHOISIT DE DÉMÉNAGER À LONDRES.** Un jour de 1923, il décide de **S'IMPROVISER GUIDE TOURISTIQUE** pour un riche Américain. Alors qu'ils admirent ensemble la statue de l'amiral Nelson, à Trafalgar Square, Arthur invente spontanément un mensonge : il annonce que **TOUTES LES STATUES DE LA PLACE VONT ÊTRE MISES EN VENTE** aux enchères, l'État étant surendetté. L'Américain se déclarant intéressé, **ARTHUR FERGUSON HASARDE LE PRIX** de 6 000 livres sterling pour celle de l'amiral Nelson. Son riche interlocuteur trouve toujours l'offre alléchante. Arthur précise qu'il faut **RESTER DISCRET SUR LA TRANSACTION.** Le *deal* conclu, l'escroc encaisse le chèque et pense avoir trouvé un bon filon. **LES TOURISTES AMÉRICAINS DEVIENNENT ALORS SES PRINCIPALES PROIES :** il parvient à vendre Big Ben à l'un d'eux pour 1 000 £, obtient **UN ACOMPTE DE 2 000 £ POUR LA VENTE DE BUCKINGHAM PALACE** et prétend aussi avoir **VENDU LA TOUR EIFFEL (CE QUE FERA VICTOR LUSTIG, UN AUTRE ESCROC ET IMPOSTEUR).**

Constatant que les Américains sont plutôt naïfs, Arthur Ferguson décide, en 1925, de prendre **UN AVION POUR WASHINGTON.** Là, il parvient à **LOUER LA MAISON-BLANCHE À UN ÉLEVEUR** de bétail texan pour une durée de... 99 ans ! Bien sûr, il précise que la première année de location doit être réglée d'avance ! Un jour, il prend pour cible un riche Australien originaire de Sydney, auquel il raconte que **LA STATUE DE LA LIBERTÉ DOIT ÊTRE VENDUE** afin de dégager l'entrée du port de New York pour des travaux à venir. L'Australien hésite, puis tente de réunir la somme demandée : 100 000 $. Une photo de l'escroc écossais et de sa victime aurait même été prise devant la célèbre statue. Cependant, l'Australien a un doute : **ARTHUR FERGUSON SE MONTRE PRESSANT** et ça n'augure rien de bon. Il préfère donc aller parler à la police avant de se délester d'une telle somme. Et il aura raison ! Arthur Ferguson, recherché depuis des années, est arrêté. Il écopera de cinq années de prison. C'est-à-dire rien, en comparaison de **LA FORTUNE QU'IL A AMASSÉE !** Sa retraite bien mal acquise lui permettra de couler des jours heureux à Los Angeles, où il décèdera en 1938.

Quel est
l'avantage à faire
du naturisme ?

**De ne pas avoir
à tendre le bras
pour savoir s'il
pleut !**

« L'imagination
est plus importante
que le savoir. »

Albert Einstein

J'ATTENDS DES JUMEAUX...
OH ! MAIS C'EST MERVEILLEUX !
C'EST POUR QUAND ?
BEN... ILS NE DEVRAIENT PLUS TARDER...
AH

Le saviez-vous ?

Que contient l'air sec ?

Gaz constituants de l'air sec	Volumes (en %)	Masses molaires (O = 16,000)
Azote (N_2)	78,09	28,016
Oxygène (O_2)	20,95	32,000
Argon (A)	0,93	39,944
Dioxyde de carbone (CO_2)	0,035	44,010
Néon (Ne)	1,8 10-3	20,183
Hélium (He)	5,24 10-4	4,003
Krypton (Kr)	1,0 10-4	83,07
Hydrogène (H_2)	5,0 10-5	2,016
Xénon (Xe)	8,0 10-6	131,3
Ozone (O_3)	1,0 10-6	48,000
Radon (Rn)	6,0 10-18	222,00

Masse molaire totale de l'air sec : **M = 28,966**

Trois amis discutent de leurs voitures. Le premier dit :

« Eh bien, moi, dans ma nouvelle BMW, j'ai l'air conditionné !

Le deuxième se vante aussi :

– Moi, dans ma Peugeot, j'ai l'airbag !

Et enfin, le troisième :

– Eh bien, moi, dans ma Lada, j'ai l'air… CON ! »

Nettoyer son four sans forcer !

Personne ou presque n'aime faire le ménage. Et lorsqu'il s'agit de nettoyer son four, c'est pire que tout : on sait que l'on va y passer des heures, avec le risque d'un claquage de la clavicule en bonus à force de frotter. Heureusement, le WC Book est là pour vous aider !

- Commencez par retirer les grilles du four. Rincez-les à *l'eau savonneuse* ou utilisez une éponge métallique si la graisse est incrustée.
- Dans un récipient, mélangez 5 cuillères à soupe de *bicarbonate de soude*, 2 cuillères à soupe d'eau et du savon (facultatif). Le tout doit former une pâte homogène, à étaler à l'intérieur du four. Si tout se passe bien, la pâte va prendre une couleur foncée.
- Laissez reposer une grosse dizaine d'heures avant de retirer la pâte à l'aide d'une éponge ou d'un chiffon humide. Il se peut que des morceaux de pâte soient plus difficiles à enlever. Dans ce cas, mettez du *vinaigre blanc dans un vaporisateur* vide. Vaporisez sur les zones difficiles et retirez les derniers résidus.

Cette technique s'utilise également sur la vitre du four, qui peut aussi être très encrassée. Sur ce support, laissez reposer entre une demi-heure et une heure, puis enlevez la pâte avec un chiffon humide, comme pour l'intérieur du four.

Connaissez-vous le rastafarisme ?

Le rastafarisme est une religion connue pour le reggae, la ***ganja*** et Bob Marley. Il trouve ses bases dans l'Éthiopie d'Haïlé Sélassié. C'est un mouvement mystique, politique et culturel, présent en Jamaïque et certaines autres îles des Caraïbes. Le rastafarisme compte environ 600 000 adeptes et, contrairement à ce que vous pouvez penser, ne se limite pas à la musique et aux pétards…

Humour

Un professeur de psychologie commence son cours :

« Aujourd'hui, nous allons étudier les différents stades de la colère. »

Il prend son téléphone, compose un numéro au hasard et demande :

« Bonjour madame, pourrais-je parler à Michel, s'il vous plaît ?

– Vous faites erreur, il n'y a pas de Michel à ce numéro. »

Il se tourne alors vers les étudiants et annonce :

« Vous venez d'assister à la phase de mise en condition. »

Il recommence et la dame, un peu agacée, répond :

« Je vous ai déjà dit qu'il n'y avait pas de Michel ici ! »

Il réitère une bonne douzaine de fois, raccroche après s'être fait hurler dessus par cette dame devenue hystérique et s'adresse à son auditoire :

« Voilà enfin le niveau ultime de la colère. »

Là-dessus, un étudiant lève la main :

« Monsieur, il y a pourtant un stade supérieur… »

Et, pour illustrer son propos, il se saisit du téléphone, compose encore une fois le même numéro et dit :

« Bonjour madame, je suis Michel. Y a-t-il eu des messages pour moi ? »

« La chose la plus difficile à comprendre au monde, c'est l'impôt sur le revenu ! »

Albert Einstein

Percez le mystère des dunes qui chantent !

Mais pourquoi les dunes chantent-elles ? Pourquoi, dans une trentaine d'endroits désertiques au monde, entend-on des chants bizarres et intrigants, longs, graves et puissants ? Des scientifiques se sont penchés sur ce mystère et ont découvert que ces sons sont provoqués par le mouvement du sable créant des ondes sismiques. Ces sons peuvent atteindre 100 décibels, ce qui équivaut à un TGV à toute puissance, entendu à 20 mètres !

Bon à savoir : un simple coup de marteau sur le sable peut aussi déclencher une résonance naturelle à l'intérieur de la dune.

Humour

Germaine, 95 ans, s'étonne de trouver du sang dans sa culotte. Elle décide d'en parler à son médecin :

« Docteur, je crois que je rajeunis !

– J'en suis ravi…

– Oui, figurez-vous que, depuis quelque temps, j'ai de nouveau mes règles !

– Qu'est-ce que vous me racontez là ?

– Regardez, docteur : ma culotte est toute tachée de sang !

Le médecin jette un coup d'œil et dit :

– Désolé, Germaine. Ce n'est pas du sang, c'est de la rouille… »

Gaspard, votre garde du corps connecté

Aujourd'hui, nous passons la majeure partie de notre temps les yeux rivés sur notre téléphone. Ironie du sort, c'est lorsqu'on a besoin de **joindre un proche en urgence** qu'on n'a pas le temps de sortir le précieux objet de notre poche. C'est là que **le bienveillant Gaspard** intervient. Ce petit bouton connecté, d'un diamètre de 22 millimètres, **s'accroche à un sac à main,** sur une veste ou à une poche. Liez votre objet à l'application Gaspard et choisissez quels contacts de votre répertoire seront **prévenus en cas d'alerte.** En cas d'agression, de danger ou de malaise, trois petites pressions sur Gaspard permettent d'alerter vos proches et de leur donner l'itinéraire le plus rapide pour **venir à votre secours.** Pas besoin pour eux de télécharger l'application ! S'ils l'ont, ils recevront une notification *push* et s'ils ne l'ont pas, ils seront **prévenus par texto.** Dans tous les cas, ils sauront où vous trouver. Préférez cependant le téléchargement de l'application, qui est gratuit, contrairement aux alertes par sms qui coûtent 20 centimes chacune. Avec Gaspard, vous êtes rassuré, même quand vous rentrez seul le soir !

Gaspard - réseau d'entraide en cas d'agression – Gratuit
Disponible sur iPhone, iPad & iPod Touch

Pourquoi les peintres d'art moderne signent-ils leurs tableaux en bas à droite ?

Pour que l'on sache dans quel sens il faut l'accrocher !

Le saviez-vous ?

Les athées seraient plus altruistes que les croyants

Une étude menée par des chercheurs de l'université de Chicago a démontré que les enfants croyants se révèlent moins altruistes que les enfants athées. Même si l'altruisme est une qualité enseignée aux jeunes lors de leur éducation religieuse, elle se manifesterait davantage chez des familles non-croyantes. Lors de cette étude, 1 170 enfants âgés de 5 à 12 ans, vivant dans 6 pays différents (Canada, États-Unis, Chine, Turquie, Jordanie et Afrique du Sud), ont visionné des vidéos montrant des élèves se poussant et se chamaillant. On leur a demandé de noter le degré de « méchanceté » et, selon eux, les sanctions méritées par les coupables. Les enfants avaient été divisés en 3 groupes : les chrétiens, les musulmans et les athées. Et les résultats se sont révélés plus qu'étonnants : les enfants croyants dévoilent un goût pour la punition plus sévère que les enfants athées, alors que leurs parents les estimaient plus altruistes et sensibles !

Humour

Bernard entre dans le bureau d'un ophtalmologiste :

« Docteur, je crois que j'ai besoin de lunettes !

Et quelqu'un lui répond :

– Je n'en doute pas, vous êtes dans une banque… »

Vous êtes sourd, aveugle et muet.

Combien de sens vous reste-t-il ?

Réponse :
Il vous reste trois sens (odorat, goût, toucher), sachez que la parole n'en est pas un.

Le saviez-vous ?

Arrêtez de vous plaindre des fautes d'orthographe…

… vous paraîtrez plus sympathique ! En tout cas, c'est ce que les scientifiques ont conclu après une étude approfondie sur le sujet. Tout d'abord, ils ont réuni 83 profils très différents et leur ont demandé de lire une réponse à une annonce de colocation, contenant différents types de fautes : des coquilles comme « vosu » au lieu de « vous », mais également des plus évidentes comme « ces » au lieu de « c'est ». Ensuite, les participants ont émis un jugement sur l'auteur du texte, ils ont évalué son intelligence, sa personnalité et sa sympathie. Puis, ils ont eux-mêmes passé des tests psychologiques permettant de cerner leur propre caractère : s'ils sont plutôt introvertis, extravertis, gentils, consciencieux, prétentieux ou égocentriques. Et les résultats ont démontré qu'un trait de personnalité peut déterminer la réaction d'une personne face à une faute d'orthographe ou de grammaire ! Les individus les plus fermés, les moins ouverts et sympathiques, ceux qui jugeaient le plus les autres, avaient tendance à remarquer la moindre faute dans n'importe quelle phrase…

Trois médecins se retrouvent sur une île déserte. Ils s'ennuient à mourir et l'un d'eux propose :

« Et si on simulait une partie de golf ? Je fais la balle…

– Oh oui ! dit le second. Je fais le club !

Et le troisième :

– Je n'ai pas envie de jouer… »

Contrepèteries

Il n'y a pas de quoi, ma sœur, pour un si petit don.

IL N'Y A PAS DE DOIGT, MA SŒUR, POUR UN SI PETIT CON.

Cheddar : le plus convoité au monde !

Eh oui, selon des statistiques britanniques, le cheddar est l'aliment le plus volé au monde ! Ce n'est ni le foie gras ni le caviar, mais ce fromage orangé à pâte dure qui suscite toutes les convoitises, allez savoir pourquoi… Car ce n'est ni un aliment luxueux, ni un fromage rare. C'est d'ailleurs peut-être la raison : il est « classique » et probablement facile à voler. De plus, le cheddar peut être consommé seul ou accompagner beaucoup d'autres aliments et plats. Ce qui fait de lui la victime parfaite…

Humour

Un homme tente l'ascension de l'Everest. Il est en train de franchir une corniche très dangereuse et est suspendu dans le vide…

Au même moment à Londres, le duc d'Édimbourg est en train de se faire sucer par la reine d'Angleterre.

Ils ont exactement la même pensée au même moment.

Question : Laquelle ?

Réponse : Faut pas regarder en bas… Non, surtout ne pas regarder en bas !

« Quand on est ce que je suis, il est difficile de rester humble. »

Mohamed Ali

Le saviez-vous ?

And the winner is...

Il existe une couleur qui aide le cerveau à mieux se concentrer et à le rester plus longtemps. Vous l'avez devinée ? Il s'agit bel et bien du rouge, qui stimule particulièrement les neurones. Des chercheurs australiens ont découvert qu'en général les couleurs vives ont un impact plus excitant sur le cerveau que les couleurs pastel, par exemple. Un mur peint en jaune ou en rouge capte davantage l'attention qu'un mur bleu ou vert. En revanche, lorsqu'il s'agit de retenir une leçon ou d'apprendre un poème par cœur, ce sont les couleurs bleu et vert qui méritent d'être citées, car elles calment le cerveau.

Quelle différence y a-t-il entre un jeune con et un vieux con ?

Le jeune con a tout l'avenir devant lui…

Que faut-il faire à un bûcheron qui s'évanouit ?

Du bûche à bûche !

ATTENTION !
LE PREMIER QUI RIRA
AURA UNE TAPETTE !

LES PHOBIES DE WOODY ALLEN

Woody Allen est claustrophobe (peur des espaces restreints), acrophobe (peur des hauteurs), insectophobe, chromophobe (peur des couleurs vives), cynophobe (peur des chiens), carcinophobe (peur du cancer), agoraphobe (peur des foules) et arachibutyrophobe (peur que du beurre de cacahuètes ne lui reste collé au palais). Par contre, il n'a pas eu peur de se marier avec sa fille adoptive…

Le saviez-vous ?

La personnalité ayant fait l'objet de la première interview « choc » du magazine ***Playboy*** (fondé en 1953 par Hugh Hefner) est le musicien de jazz Miles Davis, dans le numéro de septembre 1962.

Humour

Un couple se dispute :

« Je suis le seul à rapporter de l'argent à la maison, dit le mari. Ok ? Sans mon argent, tu n'aurais pas de lit où dormir, pas de table où manger, pas de quoi manger justement… Et pas de maison pour t'abriter ! Compris ?

– Et sans ton argent, lui répond alors sa femme, je ne serais pas là non plus ! Compris ? »

IL PLANTE UN DRAPEAU ARC-EN-CIEL SUR UNE ÎLE ET CRÉE SON PROPRE ÉTAT !

Dale Parker Anderson a trouvé **LA PARADE ULTIME POUR S'ÉMANCIPER** de certaines lois de son pays : ce jeune homosexuel australien a planté, en 2004, **UN DRAPEAU ARC-EN-CIEL SUR UNE PETITE ÎLE** jusque-là inhabitée et revendiquée par aucun autre État. Aidé de militants LGBT, il choisit alors un nouveau nom pour sa micronation : **« LE ROYAUME GAY ET LESBIEN DES ÎLES DE LA MER DE CORAIL. »** Ses 1,5 km^2 de terre en font le plus petit État du monde. Dale Parker Anderson, élu empereur du Royaume, a commencé à imprimer ses propres timbres en euros en 2006. Pour vivre sur cette île dédiée aux gays et aux lesbiennes, il suffit d'en faire la demande ! **« LEUR SEXUALITÉ EST LEUR PASSEPORT »,** affirme le Premier ministre. Et comme tous les pays, le Royaume gay et lesbien des îles de la mer de Corail a son hymne… « I am What I am » de Gloria Gaynor ! Petite info supplémentaire et pour le moins insolite : Dale Ier, l'empereur de l'État, est un descendant du roi d'Angleterre Édouard II ! Le pouvoir est une affaire de famille…

Le couple parfait

Selon des études approfondies de quelques chercheurs anglais effectuées sur 1 000 couples, la différence d'âge idéale dans un couple est de… 4 ans et 4 mois… à condition que ce soit l'homme qui soit le plus âgé. Heureusement, l'exception confirme souvent la règle !

Le président du tribunal demande à l'inculpé :

« Pourquoi avoir donné un faux nom aux agents qui vous ont interpellé ?

– J'étais énervé… Et quand je suis énervé, je ne me reconnais pas ! »

CITATIONS

« Il ne peut y avoir
de révolution que là où
il y a conscience. »

Jean Jaurès

Que dit David Guetta lorsqu'il rentre dans une fromagerie?

« FAITES DU BRIE !!! »

Humour

Michel appelle le commissariat :

« Allô ? C'est Michel Durand. Je suis passé ce matin pour vous signaler la disparition de ma femme.

– Oui, monsieur Durand. Je m'en souviens bien. Alors ? Vous l'avez retrouvée ?

– Non, mais vous pouvez abandonner les recherches, j'ai réfléchi ! »

- POURQUOI EST-CE QUE, DANS *FORT BOYARD*, LES CANDIDATS ONT 45 MINUTES POUR DÉCOUVRIR 7 CLÉS ALORS QUE MOI, ÇA M'ÉNERVE DÉJÀ AU BOUT DE 5 MINUTES QUAND JE NE RETROUVE PAS LES MIENNES ?

- AVEZ-VOUS REMARQUÉ QUE LES MÉDECINS ONT L'AVANTAGE, LORSQU'ILS COMMETTENT UNE ERREUR, DE L'ENTERRER TOUT DE SUITE ?

- EST-CE QUE LE NOM DE LA COULEUR ORANGE VIENT DU FAIT QUE C'EST LA COULEUR DU FRUIT QU'ON APPELLE ORANGE, OU EST-CE LE FRUIT QU'ON APPELLE ORANGE PARCE QU'IL EST DE CETTE COULEUR ?

- COMBIEN D'ACTEURS PARAISSENT NATURELS PARCE QU'ILS N'ONT AUCUN TALENT ?

Comment
appelle-t-on
un contrôleur des
impôts ?

On ne l'appelle pas.
Il vient tout seul !

Votre tatouage ne vous appartient pas !

Il appartient à la personne qui vous a tatoué. Elle peut d'ailleurs vous faire un procès si l'utilisation que vous faites de son motif ne lui plaît pas ! Car même s'il est gravé dans votre peau, le tatouage reste une œuvre d'art, soumise à ce titre aux droits d'auteur.

Le parfait exemple est la plainte des créateurs des tatouages des basketteurs Kobe Bryant et Lebron James, dont les tatouages ont été reproduits sans autorisation sur leurs avatars dans les jeux vidéo.

Autre anecdote du même genre : en 2011, le tatoueur de Mike Tyson a obtenu une belle somme d'argent du studio de production Warner. Dans le film *Very Bad Trip 2,* l'un des héros se faisait en effet tatouer le même dessin tribal que celui affiché sur le visage du boxeur.

Et en France ? Le code de propriété intellectuelle prévoit que les droits d'auteur protègent « toutes les œuvres de l'esprit, quels qu'en soient le genre, la forme d'expression, le mérite ou la destination ». Ainsi, « l'auteur d'une œuvre de l'esprit jouit sur cette œuvre, du seul fait de sa création, d'un droit de propriété intellectuelle exclusif et opposable à tous ». Tout est dit !

Que met
Jean Lassalle pour
sentir bon au conseil
municipal ?

De l'after-chèvre !

« Sourire trois fois
tous les jours rend inutile
tout médicament. »

Proverbe chinois

Le saviez-vous ?

Le Japon
et l'Allemagne sont
les deux pays avec les
plus vieilles populations
(moyenne de 46,1 ans).
Le Niger est celui avec la
plus jeune (moyenne
de 15,1 ans).

Quel point commun
y a-t-il entre des agents
de la DDE et des
spermatozoïdes ?

Ils viennent nombreux,
mais il n'y en a qu'un
qui travaille !

Que savez-vous de l'ours brun ?

- L'ours brun est doté d'un odorat **2 000 fois** plus élevé que celui des humains.
- Malgré son poids, il peut courir jusqu'à **57 km/h !**
- Contrairement à ce que l'on peut croire, il se nourrit à **75 % de végétaux.**
- L'ours brun peut atteindre les **700 kilos.**
- En **1995,** il y avait encore **5 ours bruns** dans les Pyrénées occidentales. En 2005, la population était remontée à **15 individus,** et à **25** en **2013.** Malgré les statistiques positives, sa survie en France reste menacée.
- L'ours brun eurasien serait apparu il y a **5 000 000 d'années.**

15 millions d'années

C'est l'âge de certaines bactéries présentes dans nos intestins. Cette conclusion, publiée dans la revue américaine *Science*, dénote non seulement que ces bactéries sont la base du développement de nos intestins, mais également qu'elles veillent sur notre système immunitaire, aident l'organisme à combattre les agents pathogènes et affectent même notre humeur et notre comportement.

« Tu as vu comme le prix de l'essence a encore augmenté, Robert ?

– Ah bon ? Je ne sais pas…

– Tu n'as pas remarqué ?

– Non. Ça fait des années que j'en prends toujours pour 50 euros ! »

« Si tu veux être heureux, sois-le. »

Proverbe chinois

Le saviez-vous ?

Non aux sirops antitussifs !

Non seulement ils ne sont pas efficaces, mais certains peuvent même se révéler dangereux pour votre santé ! C'est ce que la revue *60 Millions de consommateurs* a déclaré il y a quelque temps. Plus concrètement, les médicaments Rhinathiol®, Vicks expectorant® et Medibronc® contiennent des doses d'alcool élevées pouvant être risquées pour les femmes enceintes ou les enfants. Le sirop Thiopectol® affiche un taux d'alcool de 15,8°, soit plus que le vin ! De plus, ces produits contiennent des substances allergènes.

Mais alors, comment soigner la vilaine toux ? Le médicament le plus naturel contre la toux reste le miel. N'oubliez pas d'en ajouter une cuillère aux tisanes que vous buvez pour vous hydrater et pour calmer les muqueuses irritées. Pensez aussi aux huiles essentielles en inhalation : mettez quelques gouttes d'eucalyptus, de thym, de lavande ou de romarin dans un bol d'eau chaude, puis respirez profondément les vapeurs dégagées.
Autres astuces précieuses : essayez de ne pas rester dans des endroits pollués et fuyez la fumée de cigarette. Aérez régulièrement votre logement et ouvrez grand la fenêtre de votre bureau, au moins deux fois par jour.

ÇA VEUT DIRE QUOI AVORTEMENT ?
DEMANDE À TON PETIT FRÈRE !
MAIS J'AI PAS DE PETIT FRÈRE !?

Humour

Dans un bar:

« Barman, j'ai lu un article sur les méfaits du tabac joint à l'alcool…

C'est terrible ! Du coup, j'ai décidé d'arrêter !

– De boire ou de fumer ?

– Non ! De lire… »

Humour

Florence, la maman, rentre du travail un peu plus tôt que d'habitude.

Elle ouvre la porte de la chambre de sa fille, Élisa, 14 ans et demi, pour lui faire un petit coucou.

Stupeur ! Élisa est en train de fumer !

« QUOI ?! Que fais-tu là, Élisa ???? »

« Et ben... Je fume, maman...

– Et depuis quand tu fumes ? Je n'en reviens pas ! Tu me caches d'autres choses puisqu'on y est ???

– Heu... ouais... Je baise aussi.

– Mais c'est pas possible, petite effrontée !!! Et avec qui ???

– Heu... je ne me souviens pas maman. J'étais bourrée... »

CITATIONS

« Qui élargit son cœur rétrécit sa bouche. »

Proverbe chinois

Lorsque John Lennon se met en colère...

En 1970, John Lennon, totalement ivre après sa séparation d'avec Yoko Ono, visite la riche demeure de Hugh Hefner (le patron de ***Playboy***) et écrase sa cigarette sur une toile originale de Matisse ! La toile brûlée à valeur inestimable se trouve toujours accrochée dans la bibliothèque du manoir de Hefner.

Quentin, 6 ans :

« Maman… maman… Est-ce que c'est vrai que les dindes, elles ont des seins ?

– Bien sûr que non, mon fils ! Qui t'a dit ça ?

– C'est papa ! Il a dit que sa secrétaire avait de plus beaux seins que sa dinde ! »

J'aime vachement votre frangin.

J'AIME FRANCHEMENT VOTRE VAGIN.

Le saviez-vous ?

Milliardaire... pour quelques heures !

En juin 2015, la Deutsche Bank vire accidentellement 6 milliards de dollars à l'un de ses clients. Ce dernier, un fonds spéculatif américain, voit son solde s'enrichir de quelques zéros supplémentaires à la suite d'une erreur commise par un trader débutant de la plus grande banque allemande. Heureusement – ou malheureusement, c'est selon –, l'argent n'est resté que quelques heures sur le compte en question... Voilà ce qui s'appelle voir l'argent vous passer sous le nez...

Pourquoi les Slaves sont-ils tous nos frères ?

Parce que s'ils s'lavent, c'est qu'ils s'nettoient. Et s'ils s'nettoient, c'est donc ton frère !

MATTHEW PERRY

Le majeur
de la main droite
du héros de *Friends*
est coupé à
moitié.

Les hommes et le sexe

C'est scientifiquement prouvé : les hommes ne pensent qu'au sexe ! Des chercheurs de l'University College de Londres se sont penchés sur une espèce de ver de terre dénommée ***Caenorhabditis elegans.*** Ces organismes à constitution biologique très proche de l'espèce humaine et n'excédant pas 1 millimètre sont soit mâles, soit hermaphrodites. Certaines de leurs cellules cérébrales apparaissant lorsqu'ils sont sexuellement matures les attirent irrésistiblement vers le sexe, le désir étant prioritaire sur tout le reste, voire sur la faim. Ces recherches sont d'une importance primordiale pour mieux cibler et comprendre les racines des envies sexuelles chez l'homme, mais aussi chez la femme.

Quelle différence y a-t-il entre une salade niçoise et une salade cannoise ?

Une trentaine de kilomètres !

TOM CRUISE VOULAIT DEVENIR PRÊTRE

Avant de découvrir la scientologie, **Tom Cruise** voulait entrer dans les ordres et avait même suivi un séminaire dans une école de l'Ohio.

Humour

Alexia croise sa copine d'enfance Christina:

« Tu ne devineras jamais !

– Quoi ?

– C'est bien ce que je disais. Tu ne devineras jamais… »

Compter jusqu'à un milliard

Savez-vous combien de temps il vous faudrait pour compter jusqu'à un milliard ? Même si cela semble stupide comme information (et personne n'a tenté l'expérience), il vous faudrait exactement 31 ans et 259 jours pour arriver à un milliard, à condition de compter à haute voix et de consacrer une seconde par nombre. Mais ceci n'est pas tout à fait exact, vu que le temps nécessaire pour tout énumérer augmente considérablement avec l'avancement dans les nombres. Donc, en prenant compte de ceux qui sont longs à prononcer (3 secondes par nombre), il faudrait alors plus de 95 ans pour y parvenir, et ceci sans aucun repos !
Retenez aussi qu'environ 45 minutes sont nécessaires pour compter jusqu'à 1 000 et 30 jours pour arriver à 1 million…

J'ai 2 nez, 4 yeux
et 5 oreilles…
Qui suis-je ?
Horrible !

« Placez votre main
sur un poêle une minute
et ça vous semble durer une
heure. Asseyez-vous auprès d'une
jolie fille une heure et ça vous
semble durer une minute.
C'est ça, la relativité. »

Albert Einstein

Le saviez-vous ?

Les langues dans le monde

Combien de langues parle-t-on sur Terre ? Environ 6 000 langues sont dénombrées aujourd'hui à travers le monde. Certaines sont encore méconnues, comme en Nouvelle-Guinée où 800 idiomes ont été répertoriés mais très peu vraiment étudiés. Et parmi ces 6 000 langues, entre 10 et 20 très peu pratiquées disparaissent chaque année.

La langue la plus parlée sur la planète est le mandarin avec 1,3 milliard de locuteurs. Vient l'anglais en 2e position avec 1,2 milliard. Puis l'espagnol avec 485 millions, l'hindi avec 450 millions et le français avec 274 millions.

Autre info insolite : 90 % de la population mondiale parle les 100 langues principales. Cela signifie que chaque idiome des 5 900 restants n'est parlé que par 118 personnes en moyenne !

Robert, très en colère, appelle la réception de l'hôtel :

« Pouvez-vous venir rapidement dans ma chambre ??? Je viens de me disputer avec ma femme et elle me dit qu'elle va se jeter par la fenêtre !

– Désolé, monsieur, mais c'est un problème personnel…

– Oui, d'accord, mais cette putain de fenêtre qui ne s'ouvre pas… Ça, c'est un problème de maintenance ! »

CITATIONS

« Une mauvaise vie vaut mieux qu'une belle mort. »

Proverbe chinois

Pourquoi le plan administratif de Paris est-il en forme d'escargot ?

Ce sont les bourgeois du 16e arrondissement qui sont à l'origine de cette carte ! En fait, lorsque Napoléon III demande au baron Haussmann d'agrandir administrativement Paris et de faire passer la ville de 12 à 20 arrondissements, les 12 arrondissements initiaux sont alors classés en deux lignes sur un plan horizontal. Cette organisation a été très vite abandonnée, car, selon cette logique, l'Ouest parisien serait devenu le « 13e arrondissement », chose inconcevable pour la bonne société des communes d'Auteuil et de Passy. Pourquoi ? Parce qu'à l'époque l'expression « se marier à la mairie du 13e » signifiait « vivre en concubinage avec quelqu'un sans se soucier du sacrement du mariage ou de la bonne moralité civile ». Ceci était inimaginable pour les bourgeois des hôtels particuliers et du château d'Auteuil. Ainsi, après un court conseil au cabinet de Haussmann, l'idée de l'escargot s'est imposée, laissant les habitants d'Ivry et de Gentilly « vivre avec le déshonneur ».

Théo demande à son père :

« Papa ! C'est quoi un alcoolique ?

– Heu... Un alcoolique, c'est quelqu'un qui va voir les choses en double. Tu vois, par exemple, ces 4 arbres là-bas ? L'alcoolique, lui, en verra 8.

– Mais... papa... Il n'y a que 2 arbres ! »

COMMENT UNE TORTUE A PEUT-ÊTRE SAUVÉ SON ESPÈCE !

Si l'addiction sexuelle est considérée comme une pathologie, il y a des contextes dans lesquels c'est surtout une bonne nouvelle ! C'est en tout cas ce que l'on retient de l'histoire de Diego, cette **TORTUE CHELONOIDIS HOODENSIS MÂLE DES GALAPAGOS** qui, grâce à son appétit sexuel, a certainement **SAUVÉ SA RACE D'UNE EXTINCTION PROCHAINE.** L'animal aurait à lui seul **ENGENDRÉ 800 BÉBÉS TORTUES !** C'est ainsi en grande partie grâce à lui que l'Île Española, dans l'archipel des Galapagos, peut encore se vanter d'abriter ces animaux. Malgré l'hyperactivité sexuelle de Diego, tout n'est pas gagné d'avance pour les tortues : sur les quinze espèces qui vivaient autrefois sur l'île, **TROIS SE SONT DÉJÀ ÉTEINTES.** Il faut espérer que les enfants de Diego ont hérité de son appétit sexuel !

À SUIVRE...

Un tueur redoutable !

L'un des gaz présents dans les pets, le sulfure d'hydrogène, a la capacité de paralyser les nerfs olfactifs. Il peut causer la mort s'il est respiré dans un endroit fermé.

Au coin de la rue, une vieille dame se fait agresser par un type agressif :

« Ton sac ou la vie !!!

– Désolée mon petit… mais je suis vraiment nulle en devinettes… »

Comment appelle-t-on un chien qui n'a pas de pattes ?

On ne l'appelle pas, on va le chercher !

CITATIONS

« Paroles habiles n'égalent pas la vérité. »

Proverbe chinois

Est-ce que marcher fait maigrir ?

Lorsque l'on décide de se remettre en forme, les médecins conseillent systématiquement de commencer par faire de la marche. Selon le type de marche, l'intensité d'activité physique peut être faible ou moyenne. Et une marche rapide à une vitesse de 5 à 6 km/h active et raffermit toutes les parties inférieures du corps : cuisses, fessiers, mollets. En tonifiant ses jambes, on combat aussi la cellulite incrustée. La taille est également affinée grâce au mouvement de propulsion.

Et les calories dans tout ça ? Un kilomètre de marche correspond à votre poids en calories. Par exemple, si vous pesez 70 kg, vous dépenserez environ 70 kcal pour un kilomètre marché. Pour ressentir de véritables bienfaits, lancez-vous des défis chaque semaine et augmentez régulièrement la durée de vos séances, changez vos rythmes et les pentes. On dit que, pour maigrir, il faut faire entre 8 000 et 10 000 pas par jour. Un podomètre peut donc se révéler fort utile !

SHAKIRA VIRÉE DE SA CHORALE !

Le prof de musique
de la chorale de son école,
lorsqu'elle avait 6 ans,
l'a tout simplement virée
car il disait que sa voix
sonnait « comme un
bêlement de chèvre » !

Les personnes dont le QI est élevé préfèrent la solitude

De récentes recherches ont révélé que plus on possède un QI élevé, plus on choisit des lieux d'habitation isolés. La plupart des gens préfèrent des villes à densité moyenne (et non les grandes métropoles) pour se sentir socialement actifs et créer des contacts humains satisfaisants. Plus l'intelligence est marquée, moins l'individu ressent le besoin d'être entouré et d'entretenir des relations sociales régulières. Au contraire, un excès de sorties et de vie sociale agitée peut même nuire au bonheur de ces personnes dont les idées et le fonctionnement vont à contre-courant des autres.

Les médailles d'or des jeux Olympiques pèsent **500** grammes et sont composées de **494** grammes d'argent contre seulement **6** grammes d'or.

Humour

Un geek découvre une petite grenouille sur son chemin. Celle-ci se met à parler et déclare :

« Je suis une véritable belle et jolie princesse. Et si vous m'embrassez, je resterai avec vous pendant une semaine. »

Le geek hausse les épaules et met la grenouille dans sa poche.

Quelques minutes plus tard, elle lui dit :

« Ok, ok, si vous m'embrassez, on fera l'amour comme des bêtes durant une semaine… »

Il incline sa tête et remet la grenouille dans sa poche.

La grenouille insiste :

« Rendez-moi mon aspect de princesse et je vous promets de vous faire l'amour pendant une année entière… »

Le geek sourit et la remet dans sa poche.

« Eh ! Mais qu'est-ce qui ne va pas chez vous ? Vous avez l'occasion de faire l'amour pendant une année avec une belle princesse et vous ne voulez même pas embrasser une grenouille ?

– Je suis programmeur, je n'ai pas le temps de faire l'amour… Mais parler avec une grenouille, c'est nettement plus intéressant ! »

Le saviez-vous ?

Les chats possèdent **100**
cordes vocales !

L'étoile de mer n'a **ni cerveau
ni sang !**

Les pandas passent plus
de **12 heures** par jour à manger
du bambou !

Les cafards peuvent changer
25 fois de direction en **1 seconde**
et vivre plusieurs semaines
sans leur tête !

Les États-Unis, le Liberia et la Birmanie sont les trois pays du monde à ne pas avoir adopté le système métrique comme système de poids et mesure officiel.

Quelle est la
différence entre un Corse
et Claude François ?

Tu ne verras
jamais un Corse mourir
avec une ampoule
à la main.

QUAND MICHAËL JACKSON VEUT ABSOLUMENT JOUER SPIDER-MAN !

Selon le président de **Marvel Comics,** Michael Jackson a essayé d'acheter cette compagnie dans les années 1990 afin de prendre les décisions pour le choix des acteurs. Michaël voulait absolument jouer le rôle de **Spider-Man** dans l'adaptation du film. Mais c'est Tobey Maguire qui joua ce rôle.

Deux supporters de l'OM :

« Salut Gary ! Ça va ?

– Tranquille… Sauf que ma femme m'a menacé de me quitter si je continuais à voir tous les matchs au vélodrome !

– Non ! Et alors ???

– Elle va me manquer… »

Est-ce que la taille compte ?

Les gens avec une grosse tête sont-ils plus intelligents que ceux qui en ont une petite ? La réponse est non, la taille du cerveau n'a aucun rapport avec les capacités intellectuelles. Une étude réalisée par Jakob Pietschnig, chercheur en sciences cognitives à l'université de Vienne, démontre même que plus le cerveau est grand, moins l'intelligence est développée… Des tests d'intelligence ont été réalisés auprès de 8 000 personnes, ainsi que des IRM de leur cerveau afin d'en définir la taille.
Pour information, le cerveau d'un cachalot pèse environ 9 kg et celui d'un éléphant 5 kg contre 1,35 kg pour un humain. Mais cela ne rend pas les animaux plus intelligents. Même chose pour les cerveaux masculin et féminin. Ce n'est pas parce que le cerveau d'un homme est plus lourd que ses capacités intellectuelles sont supérieures à celles de la femme !

Le saviez-vous ?

La sieste, c'est bon pour la mémoire !

Faire une petite pause de sommeil en pleine journée augmente efficacement nos capacités cognitives. Des chercheurs de l'université de Genève ont testé des volontaires afin de déterminer les bienfaits de la sieste sur notre santé. Et en premier lieu, c'est la mémoire qui se retrouve renforcée ! Quinze à vingt minutes de sommeil après avoir enregistré des connaissances importantes aide à les imprimer et à les consolider de manière durable dans notre cerveau. Bon à savoir si l'on doit passer des examens ! De plus, après ce moment de détente, on se sent non seulement reposé et prêt à continuer la journée, mais également plus confiant.

Finalement, la sieste n'est pas réservée au week-end et il serait même très bénéfique de l'instaurer comme rituel quotidien au bureau !

Emprisonné, Gino discute avec un nouveau détenu.

« Moi, j'ai pris 10 ans pour escroquerie. Et toi ?

– Moi, j'ai pris 20 ans pour secourisme…

– Arrête ! Tu déconnes !? Personne n'a jamais fait de la prison pour secourisme !

– Ben si. Je t'explique : ma belle-mère saignait du nez ; alors, je lui ai fait un garrot autour du cou pour stopper l'hémorragie… »

Miljenko Parserisas Bukovic, chilien et grand fan de l'actrice Julia Roberts, s'est fait tatouer 82 fois le visage de son idole sur tout son corps ! Il a commencé ses tatouages après avoir vu son film *Erin Brockovich* (oscar de la meilleure actrice).

Les papas racontent mieux les histoires !

Une étude sur le rituel du coucher menée par le Dr Elisabeth Duursma, de l'université de Wollongong en Australie, dévoile que les histoires racontées par les papas inspirent plus les enfants que celles racontées par les mamans… Plus expansifs et plus spontanés, les pères ont tendance à interpréter l'histoire, à vivre les mots et ainsi à stimuler davantage l'imagination de l'enfant. Les mères se montrent plus pragmatiques et terre à terre. Néanmoins, ce moment reste une pause essentielle qui renforce la relation parent-enfant.

Humour

La maîtresse à ses élèves :

« Je vous décline le verbe “partir” à la forme négative :

« Je ne pars pas, tu ne pars pas, il ne part pas, nous ne partons pas, vous ne partez pas, ils ne partent pas. »

Quelqu’un peut-il décliner ce verbe à la forme affirmative ?

Mario lève le doigt.

– Oui, mon petit Mario ?

– Eh ben… “On reste ici” ! »

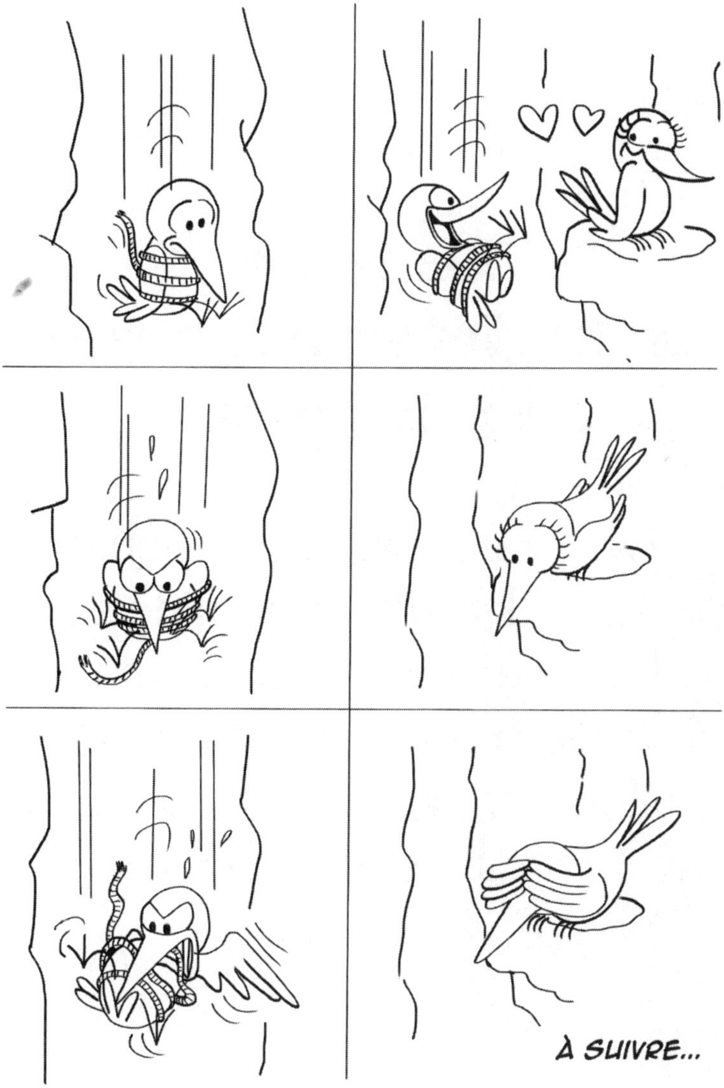
À SUIVRE...

Le saviez-vous ?

La reine d'Angleterre n'a pas de passeport !

Les passeports britanniques étant délivrés au nom de sa Majesté la reine Elisabeth II, celle-ci n'en a pas besoin. Par contre, tous les autres membres de la famille royale en ont un.

Le saviez-vous ?

Et la star d'Instagram est…

… la pizza ! En fait, c'est la spécialité culinaire la plus photographiée sur le réseau social. Dans le but de déchiffrer les tendances gastronomiques de chaque pays, l'agence de communication Klaus Davi & Co a mené une étude sur les images postées sur Instagram. Conclusion : parmi les 300 millions de photos de nourriture postées, plus de 17 millions contiennent le hashtag #pizza. Pour décortiquer, on trouve 10 millions de clichés de doigts tenant une part de pizza, environ 4 millions de « soirées pizza au calme », 1 million de « soirées pizza avec les collègues » et 2 millions de photos qui n'ont rien à voir avec les pizzas mais qui contiennent le hashtag #pizza. Et surprise : le lieu d'où les pizzas sont le plus souvent prises en photo n'est pas Naples mais New York !
Notez aussi que la candidature de la pizza napolitaine pour être inscrite au patrimoine mondial de l'Unesco a été déposée. Rien que ça !

Robert entre dans un bar :

« Je voudrais un churstzikolwasterolmoutker à la menthe.

Et le barman :

– Un churstzikolwasterolmoutker à la quoi ? »

D'après un sondage auprès de la population masculine, à la question « Aimeriez-vous faire l'amour avec Carla Bruni ? » :

– 15 % sont sans opinion.

– 5 % ont répondu « non ».

– 10 % ont répondu « oui ».

– 70 % ont répondu « plus jamais ».

Le saviez-vous ?

Vincent Van Gogh a réalisé plus de 900 œuvres durant sa vie mais n'a vendu qu'un seul tableau de son vivant : *La Vigne rouge* pour, seulement, l'équivalent de 800 euros ! Mais ce n'est pas parce que son travail n'était pas apprécié, loin de là. Il paraît que lui et son frère (qui l'a entretenu financièrement toute sa vie), voulaient se composer une collection d'art incroyable qui, aujourd'hui, est estimée à quelques milliards d'euros. Autre fausse idée sur Van Gogh : il aurait vécu dans la misère. Pas du tout ! Il a passé sa vie durant dans des hôtels et a mangé midi et soir dans des restaurants. On n'appelle pas ceci de la pauvreté…

Pourquoi se sent-on aussi gêné dans un ascenseur ?

On peut ressentir de véritables moments de solitude, coincé dans un ascenseur avec son boss ou son collègue avec qui on vient de s'accrocher. Emmanuel Ballet de Coquereaumont, psychopraticien, explique : « L'ascenseur étant un lieu de confinement, nous avons tendance à nous sentir dépendant d'une situation subie dans laquelle on est lié aux autres. Ça renvoie au domaine de l'intimité. Bien que nous n'en soyons pas toujours conscients, nous sommes pourtant faits pour nous lier les uns aux autres et, de fait, très sensibles au ressenti émotionnel qui nous entoure. Ainsi, si l'on se trouve dans une situation qui nous convient, ce que l'on appelle une résonance positive, on se sentira bien. À l'inverse, entouré de personnes pressées ou anxieuses, même si elles gardent le silence, des signaux négatifs seront envoyés, créant une dissonance qui met mal à l'aise. » Comment s'en sortir ? Affichez votre plus beau sourire ou prenez les escaliers !

Quel est le point commun entre un camion et une échelle ?

Passer dessous porte malheur !

Le saviez-vous ?

Le fondateur de Kodak, George Eastman, a révolutionné la photographie en simplifiant son processus. Il s'est suicidé à l'âge de 77 ans en 1932.

Atteint d'une maladie, il décide de se tirer une balle dans le cœur.

Il laissa près de lui une note : « Mon travail est effectué. Pourquoi attendre ? »

Tatouage : ils l'ont dans la peau !

10 % de la population française est tatouée. Un chiffre qui atteint 18 % au Canada et 23 % chez les Américains.

Quel est le plus gros souci des parents cannibales ?

C'est de trouver une baby-sitter végétarienne !

Le saviez-vous ?

La mère du célèbre peintre Pablo Picasso a révélé que les premiers mots de son fils furent :

« piz, piz »

(un raccourcissement de ***lápiz***), mot espagnol signifiant « crayon » !

Le poisson donne la pêche !

De nombreuses études scientifiques menées durant une dizaine d'années auprès de 150 000 personnes ont conclu que les poissons et les produits de la mer aident à combattre l'anxiété, la tristesse et la dépression. Ce sont les Oméga-3 présents dans ces aliments qui agissent sur la dopamine et la sérotonine en réduisant le stress et en protégeant ainsi contre la déprime. Concrètement, en consommant des produits de la mer, on réduit de 17 % le risque de tomber en dépression.

Robert se rend chez un avocat, car il veut divorcer.

« Sous quel régime êtes-vous marié ? lui demande l’avocat.

– Sous le régime dictatorial ! »

Le géant mondial de l'électronique **SAMSUNG** a été fondé en 1938.

Surprenant : la marque a débuté en vendant exclusivement… des nouilles !

Quelle est la différence entre la lessive et la SNCF ?

Dans la lessive, il y a des agents actifs !

Comment éviter les allergies ?

Ce n'est pas le scoop du siècle, mais c'est toujours bon de le rappeler : pour éviter de développer de l'asthme ou des allergies dues à la pollution et à la poussière, les scientifiques conseillent de… grandir à la ferme ! Parce que, justement, dans une ferme, il y a beaucoup de poussière, les voies respiratoires se retrouvent en contact permanent avec celle-ci et développent ainsi une protection contre l'allergie aux acariens. La muqueuse devient moins réactive aux allergènes grâce à une protéine baptisée A20, produite naturellement lorsque l'on est en contact régulier avec la poussière. Les chercheurs sont d'ailleurs très confiants pour créer un éventuel vaccin contre l'asthme grâce à cette protéine.

Comment un fonctionnaire fait-il un clin d'œil ?

En ouvrant un œil !

Animaux :
les paresseux ne font caca qu'une fois par semaine !
Ok, ils mangent peu mais quand même...
Ils descendent (très lentement) de leur arbre pour faire leur besoin.

Du cœur à l'ouvrage

Vous avez tous probablement chanté et dansé sur la chanson *Smooth Criminal* de Michael Jackson, sortie en 1988. Mais saviez-vous que les battements de cœur entendus au début de la chanson sont ceux de la star ? Ils ont été enregistrés à l'époque par le Dr Eric Chevlen au moyen d'un synclavier.

Un fonctionnaire se plaint à son collègue :

« C'est infernal ! Avec mon nouveau chef, il m'est impossible de dormir au bureau.

– Pourquoi ? Il te surveille ?

– Non, il ronfle ! »

Le saviez-vous ?

Peluches insaisissables !

Mais pourquoi ne gagne-t-on jamais aux fameuses machines à pinces des fêtes foraines ? Si vous êtes parent, vous connaissez probablement ces machines qui promettent de gagner des peluches alléchantes et devant lesquelles votre enfant ne résiste pas… Tout d'abord, sachez que ce jeu n'est pas du tout basé sur votre habileté, rien ne dépend de vous en quelque sorte ! Le *joystick* n'est là que pour vous donner l'illusion que vous contrôlez la situation. Concrètement, c'est une question d'intensité du courant électrique envoyé qui détermine la finalité de la partie. La force de la pince qui attrape l'objet est donc plus ou moins intense. C'est la même chose au moment de la remontée. Sachez que les bénéfices de la machine sont déterminés à l'avance par son propriétaire, comme les machines à sous dans un casino. Les peluches à distribuer sont aussi placées dans des endroits précis de la machine, en fonction de leur valeur. On sait, difficile d'expliquer ceci à un enfant, mais pensez-y la prochaine fois…

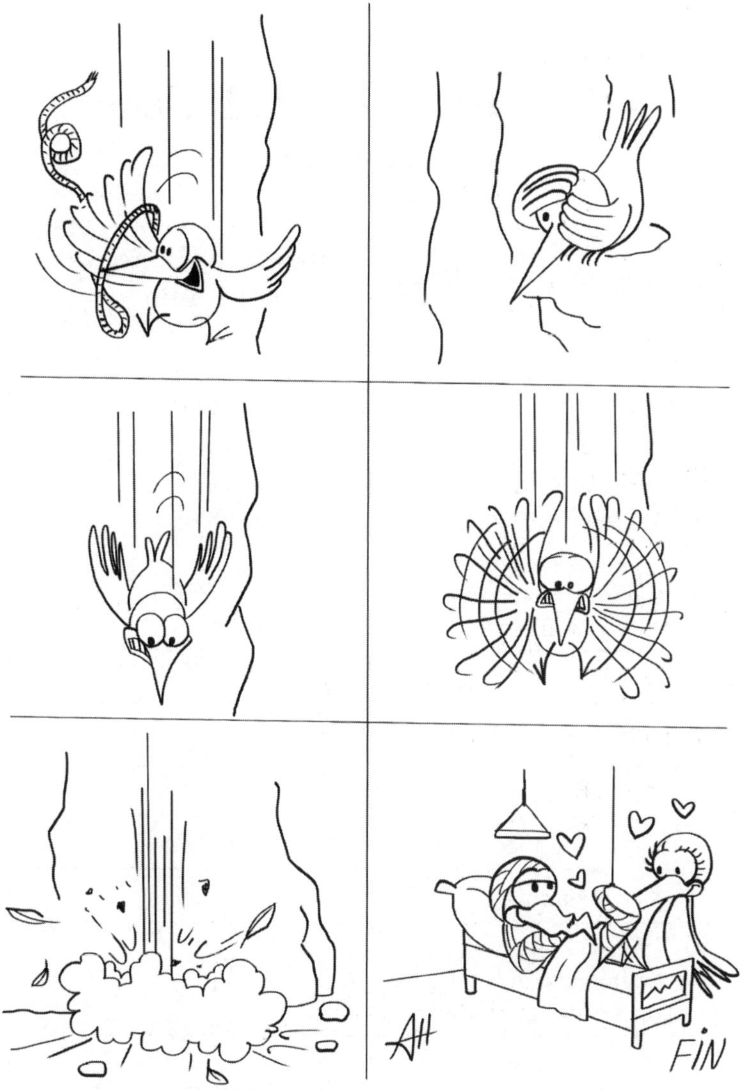
FIN

Le saviez-vous ?

Les principales religions au monde

Principales religions	Nombre de fidèles en millions
christianisme	2 377
islam	1 400
hindouisme	900
bouddhisme	325
Autres religions (rastafarisme, shintoïsme, zoroastrisme)	250
confucianisme et taoïsme	226
Religions africaines (Animisme, Vaudou, Santeria, Candomblé)	100
sikhisme	27
judaïsme	15
Non-croyants (indifférents, apostats, agnostiques et athées)	12
jaïnisme	8

JEUX

TROUVEZ LES 2 WC IDENTIQUES

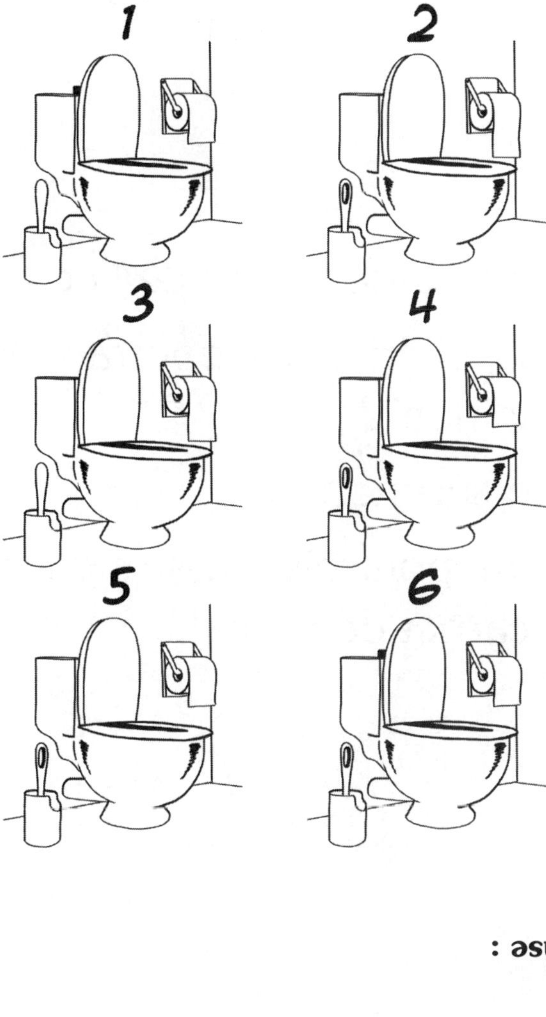

Réponse :

4 et 5.

Humour

Le petit Mario rentre de l'école:

« Papa chéri ! Tu pourrais écrire dans le noir ?

– Bien sûr mon fils…

– Et tu pourrais aussi signer sur mon carnet de notes ? »

www.maviedefemme.com

et Marie Dewulf,

astrologue réputée,

vous présentent :

L'HOROSCOPE 2018

Horoscope

BÉLIER (21 mars – 20 avril)

Votre ciel de 2018

Les natifs du 3e décan ont besoin d'adrénaline, de frissons. Rien de tel que de se mettre en danger ou de jouer avec… mais avec quoi donc ??? Le travail ? L'amour ? L'argent ? L'un ou l'autre ? L'un et l'autre ? Vos amies célestes vous pousseront ou plutôt vous bousculeront dans un sens ou dans l'autre.

Les natifs des autres décans sont dans une phase plutôt calme, paisible même, mais pas moins active.

Votre ciel relationnel

Pour vous, *twenties*, surtout si vous êtes du 3e décan, un vent d'émancipation souffle dans vos voiles ! C'est le nez au vent et le cœur en goguette que vous musardez allègrement à la découverte des 36 nuances de l'amour.

Quadras de fin de signe, votre cœur risque de faire des loopings sur le grand-huit des sentiments. Pour certains, ce sera la tentation de l'aventure, pour d'autres, ce sera la remise en question d'une relation qui manque de relief, pour d'autres encore, ce sera une belle aventure à deux.

Les autres natifs du signe cueilleront leurs petits bonheurs au gré de leur bonne fortune. C'est sans modération qu'ils savourent les délices de leurs envies.

De fin juin à mi-octobre, les natifs des 1er et 2e décans seront sujets à des mouvements d'humeur dans les relations filiales et/ou familiales et/ou amicales.

Horoscope

Votre ciel professionnel et financier

Avec des qualifications fraîchement tombées dans vos poches, le monde vous ouvre plein de possibles. L'aventure vous tente et vous avez suffisamment d'énergie pour renverser des montagnes. Vous échafaudez des plans, certains sur la comète, mais il y a des idées qui pourraient avoir beaucoup d'avenir. Faites-vous coacher pour les mettre sur des rails.

Natifs de la génération 1970, le confort vous ennuie ! Vous avez des envies de changements, d'indépendance. Vous faites preuve d'ingéniosité pour bousculer votre train-train et lui donner du relief. Si vous avez un projet dans vos cartons, le moment est propice pour le mettre en œuvre.

Évitez de signer des contrats ou des engagements importants, de faire des transactions financières entre la mi-mars et la mi-avril, ainsi qu'entre la mi-novembre et la mi-décembre. Au mieux, ils sont ralentis, au pire, ils tombent à l'eau !

Votre ciel bonne forme

Profitez de l'été pour vraiment recharger vos batteries, qui en ont grand besoin ! Après toutes les turpitudes du début de l'année, un creux se profile. Vos biorythmes passeront par toutes les couleurs de l'arc-en-ciel. Vous devrez donc apprendre à vous adapter et à moduler vos activités.

Courez, joggez, boxez ou ayez toute autre activité qui soit grande consommatrice d'énergie, quand votre courbe est haute ou balaye les couleurs chaudes. Faites du yoga, du taï-chi-chuan, de la méditation quand votre courbe est basse ou se balade dans les couleurs froides.

Évitez tout ce qui peut alimenter votre « chaleur » interne comme le gingembre, les épices, le café, le sucre, mais favorisez-les pendant les périodes « froides ». Ce sera un booster énergétique. Évitez les fromages, les laitages, les crudités, les fruits, les coquillages en période froide, mais privilégiez-les en période chaude. Ils apaiseront votre feu intérieur.

Horoscope

TAUREAU (21 avril – 20 mai)

Votre ciel de 2018

Fin mai, l'arrivée de votre grande amie céleste dans votre signe vous redonne des couleurs. D'autant plus qu'elle sera en grande conversation avec son grand ami dans le signe d'en face.

Cette synergie céleste œuvrera dans votre intérêt, au sens propre comme au figuré. Elle contribuera aussi à vous donner plus d'assurance, plus de confiance en vous et améliorera vos rapports avec votre entourage.

Votre ciel relationnel

Vous « transpirez » la sensualité jusqu'au bout des ongles, des cheveux, de votre personnalité. C'est dire combien vous serez en beauté, surtout à partir de fin mai. Vous observerez nombre de rencontres, tant amicales que sentimentales. Vous dégagez une attraction subliminale qui donne envie d'être en votre compagnie. Votre agenda sera bien rempli, vos réseaux sociaux très actifs.

Notre tandem céleste vous donne tous les atouts pour bien jouer sur la carte du tendre. Célibataires, vous avez « les yeux révolver » ! Vous séduisez et vous serez courtisés. Relations éphémères et coquines pour certains natifs, relations à construire pour d'autres.

Pour les couples, votre petite maison dans votre prairie accueillera vos amours, vos enfants, vos familles, vos amis. Pour les jeunes couples nouvellement constitués, Madame la Cigogne sera de passage.

Horoscope

Votre ciel professionnel et financier

Si vous avez des « affaires » sur le feu et si vous pouvez patienter, attendez fin mai et l'arrivée du tandem céleste de choc, pour les mettre en œuvre. D'autant plus qu'un troisième larron céleste vient y mettre son grain de sel, ou faut-il dire son grain d'énergie et d'audace ! Le sentiment de tourner en rond se lève et vous libère des forces constructrices, réalisatrices, productives.

Mettez à profit ce temps qui précède, pour bien préparer vos dossiers, vos projets, vos petites affaires et pouvoir ensuite récolter les profits en espèces bien sonnantes. Plus que jamais l'adage « on récolte ce qu'on a semé » aura un sens pour vous. La récolte sera à la hauteur de vos semailles !

Si vous souhaitez améliorer vos revenus, investir, faire une transaction ou toute autre opération financière, vous aurez les bonnes cartes en mains à partir de juin.

Votre ciel bonne forme

Ce tandem céleste aura aussi son mot à dire sur votre état d'humeur et de forme. Sur votre gourmandise aussi ! Hélas, me direz-vous, mais c'est ainsi. Ces deux célestes aiment la ripaille, aiguisent vos papilles, vous inclinent à succomber à vos petits péchés mignons. Les éloigner sera ardu et tout un programme. Jusqu'à la rentrée de septembre, le « gardien des clés » du garde-manger vous tourne le dos, donc vous n'aurez pas beaucoup de soutien de son côté. Cette situation peut aussi affaiblir votre volonté et votre résistance gourmande.

Si vous souhaitez vous maintenir dans une bonne forme physique, la discipline diététique peut jouer son rôle. Modération et pondération sont les mots-clés, pour bien gouverner votre année dans ce domaine !

Horoscope

GÉMEAUX (21 mai – 21 juin)

Votre ciel de 2018

Vous aurez l'humeur vagabonde tout au long de cette période ! C'est dire combien votre état d'esprit respire la joie de vivre, la bonne humeur, la fantaisie, la malice, l'humour souvent décalé et parfois incompris.

Vous êtes infatigable, mais attention à ne pas fatiguer votre entourage ! Il vous sera difficile de savoir doser et de ne pas trop en faire.

Votre ciel relationnel

Un petit oiseau sur la branche, c'est ainsi qu'on peut vous qualifier pendant cette année. Vous avez la bougeotte, ne restez pas en place. Vous êtes du style « qui m'aime, me suive » ! On vous suivra, pas de souci, sauf que ce sera pour un moment seulement, ce sera du temporaire, voire de l'éphémère. Célibataires, surtout des années 1990, ne tentez pas de vous poser dans une relation. Les plans que vous feriez seraient sur la comète !

Si vous êtes en couple, veillez à vous organiser des moments de respiration. Faites-le aussi si vous avez un partenaire Gémeaux. Gambadez ou laissez-le gambader au grès de sa fantaisie, car il n'y a aucun risque qu'il s'évade définitivement. Le petit oiseau reviendra dans sa cage, parce qu'elle est confortable et qu'il s'y sent vraiment bien. Un conseil, ne l'enfermez pas. Il risquerait alors d'avoir l'humour grinçant, acide et corrosif. Aïe, aïe, aïe, la sensibilité !!!

Horoscope

Votre ciel professionnel et financier

Votre ami céleste circule dans ce secteur et voudra jouer les Pygmalion. Dans ce domaine, vous avez donc des soutiens, des amis qui vous veulent du bien. Heureusement, car ce serait plutôt la double inconstance chez vous. Vous avez des fourmis dans les jambes et le nez au vent. Vous pourrez compter sur cet ami pour vous donner de la suite dans vos idées, de la pondération, de la volonté de réalisation.

Si vous êtes à la recherche d'un travail, vous n'aurez pas votre pareil pour trouver les arguments pertinents pour vous vendre. Cette période est favorable pour trouver un emploi ou entreprendre une formation. Mais elle est plus délicate pour votre travail entre la mi-octobre et la mi-décembre.

Côté finances, vous avez intérêt à mettre des oursins dans toutes vos poches. De la générosité ? On peut le dire comme ça, mais c'est plutôt que vous semez, vous éparpillez à tous vents !

Votre ciel bonne forme

Bip, Bip ! Attention, le Gémeaux passe ! Mais où est-il ? Il est déjà passé !!!

Vous êtes dans une forme trois étoiles. Ravissant pour vous, moins pour votre entourage. Vous n'aimez pas faire les choses seul. Vous avez besoin d'un partenaire, sauf qu'il n'aura pas la même forme que vous et aura du mal à vous suivre. Donc soit vous changez souvent de partenaire, soit vous apprenez à vous activer en solo, mais ça, c'est pas votre truc.

L'idéal pour vous, ce sont les sports collectifs, jouer en équipe. La diversité des partenaires sera aussi très enrichissante, surtout sur le plan de votre agenda et de vos réseaux sociaux. L'autre avantage, c'est que vous serez plus sollicité qu'évité. Avoir quelqu'un dans une équipe en bonne forme, qui en plus détend l'atmosphère et fait rire, en voilà une aubaine !

Horoscope

CANCER (22 juin – 22 juillet)

Votre ciel de 2018

En face des natifs des 2e et 3e décans, il y a toujours un perturbateur, un empêcheur de tourner en rond, qui vous envoie des ondes qui vous laissent perplexe. Parfois, elles vous boostent, parfois elles vous freinent, parfois elles vous font prendre des chemins hasardeux mais qui s'avèrent profitables. Bref, on pourrait dire de ce climat « faites vos jeux, rien ne va plus » !

Votre ciel relationnel

Dans ce domaine, c'est un kaléidoscope d'émotions, de sensations, qui mettent votre âme dans le vague et parfois dans tous ses états.

Mariés ou célibataires, cette année vous prendrez le parti de rester tranquillou, même si le vent souffle et décoiffe dehors. Vous avez tendance à vous recroqueviller dans votre confort quotidien pour éviter les vagues. Feriez-vous l'autruche ? C'est un peu ça et il fait très douillet dans le quotidien ! On peut dire aussi que votre cœur est myope. Il ne voit que ce qui est proche et ça lui convient tellement bien qu'il ne veut pas se laisser troubler par ce qui pourrait arriver du dehors.

C'est aussi une période pour faire des projets en bleu ou rose, fêter un anniversaire important, reformuler vos vœux, faire un voyage en amoureux…

Horoscope

Votre ciel professionnel et financier

Vous surfez encore sur vos acquis ! D'autant plus si, ces derniers mois, vous avez attrapé les perches que les opportunités vous ont lancées. Le seul souci, c'est que le temps n'est pas extensible. Vous avez tendance à en faire trop, mais vous savez ce qu'on dit : trop c'est trop !

Alors n'oubliez pas de lever le pied de temps en temps, de vous programmer des pauses bien-être, ou bien de vous tourner vers une activité ludique, histoire d'aérer vos neurones et de faire baisser le stress. Ce sera très profitable aussi bien pour votre travail que pour votre vie personnelle.

Cette année, vous devrez être prudent de la mi-avril à la mi-mai et de la fin juillet à la fin août. La prudence sera votre meilleure alliée dans ces périodes pour tout ce qui tourne autour de vos finances. Prudence aussi dans vos engagements, vos contrats, vos transactions tout simplement ou veillez à ne pas trop faire chauffer votre CB !

Votre ciel bonne forme

Avec vos amis célestes qui sont maintenant partis sous d'autres cieux, vous avez un peu trop fait la fête et avez mal géré votre temps. Ce déficit peut avoir des répercussions sur votre vitalité : coups de fatigue, coups de barre, coups d'humeur,.... Bref tous les coups sont possibles.

Mais saviez-vous qu'on ne récupère pas du sommeil en retard ? Si trop peu de sommeil empêche l'organisme de récupérer, un sommeil prolongé l'engourdit. On a du mal à avancer, d'un côté parce ce que les batteries sont à plat, de l'autre, parce qu'on est rendu lourd et apathique par un trop-plein. La physiologie du corps demande une régularité entre les temps de repos et les temps d'activité, il faut donc bien gérer son temps.

Si vous devez raccourcir vos nuits, faites des micro-séances de détente. Assis sur une chaise du bout des fesses, étirez vos membres en inspirant et reprenez votre position en expirant. Répétez ce cycle au moins 5 fois. Cet exercice remet les énergies en circulation. Mais le mieux est encore d'avoir des nuits « normales » !

Horoscope

LION (23 juillet – 22 août)

Votre ciel de 2018

Le mot-clé de cette année est « travail » !

À part quelques épisodes récréatifs, vous serez très, vraiment très occupé. Si ce n'est pas pour vos affaires en cours, ce sera pour en initier de nouvelles ou encore pour en prospecter d'autres.

Votre ciel relationnel

Si l'on devait faire une courbe de « biorythme » dans ce domaine, elle serait très « hétéroclite ».

Une courbe bleue pour les Lion des années 1980. Elle démarre assez haut, montre une petite baisse cet été et repart à la hausse pour le reste de l'année. Elle sera plus accentuée pour les natifs des derniers décans.

Une courbe verte pour les Lion des années 1960, qui sont en couple ou en phase de reconstruction. Elle n'est ni trop haute ni trop basse, et se faufile plaisamment dans les enchevêtrements sans faire de vague.

Une courbe rouge pour les Lion des années 1970. Elle est très rouge pour les natifs des premiers décans. Elle est très accidentée, faisant même des montagnes russes, de grandes envolées et des chutes vertigineuses. Waouh !!! Ça ne manquera pas de piment !

Une courbe rose pour les Lion du début des années 1990 encore célibataires. Vous semblez surfer sur une vague haute, sans vous faire prendre de bain forcé.

Horoscope

Votre ciel professionnel et financier

« On ne peut pas prendre le Soleil par la main pour le faire avancer plus vite ». Voilà une phrase que je vous invite à méditer, natifs des premier et deuxième décans. Un ami céleste vous « retient par le maillot » pendant la moitié de l'année, sans que ça freine, par contre.

Sur le pont, vous l'êtes beaucoup, parfois trop, au grand dam de votre entourage. Sur ce plan, les choses avancent à vitesse variable selon votre décan. Reprendre du souffle vous ferait le plus grand bien. Cela vous permettrait aussi de « décompresser » avant de retourner dans l'arène.

À la rentrée, vos amies célestes vous invitent à vous pencher sur un projet personnel qui vous tient à cœur, ou à monter votre propre affaire, qui vous permettrait de prendre votre envol avant de prendre votre essor. Ne laissez pas les pessimistes, les contradicteurs, les inactifs vous saper le moral. Ces « amis-là » cher Lion, on les évite.

Si vous recherchez un travail, une relation peut vous mettre sur la voie d'un contrat pérenne.

Votre ciel bonne forme

Votre forme est bonne, mais en ce moment il vous faut la ménager ! « Pour aller loin, il faut ménager sa monture », nous dit l'adage.

Vous êtes en « roue libre » ! Les sollicitations se font pressantes, vos occupations ne « lâchent pas les baskets ». Prendre du temps pour vous, c'est presque un luxe !

Puisqu'il faut ménager votre monture, voici quelques conseils « d'amies » qui vous veulent du bien. Et dans ce secteur, vous avez le coach en chef ! Vous connaissant, voici l'un de ses conseils :

Le démarrage de la journée conditionne la journée. Les démarrages en trombe sont à proscrire, car ils demandent une grande dépense énergétique à un moment où le corps en est presque dépourvu. Il faut l'approvisionner le plus rapidement. Si vous sautez dans vos chaussettes tout en faisant vos ablutions, attrapez votre café-crème au vol, avant de vous engouffrer dans votre voiture ou dans le métro, c'est une véritable maltraitance. Dormir un quart d'heure de plus pour enchaîner avec ce type de scénario, est une illusion de repos. Prenez le temps du rituel matinal et votre journée sera plus tonique, votre monture ira plus loin et votre corps vous remerciera.

Horoscope

VIERGE (23 août – 22 septembre)

Votre ciel de 2018

Les natifs les plus sages prennent quelques couleurs et se permettent des frivolités qui étonneront leur entourage peu habitué à de telles extravagances.

En août et septembre, ne pas mettre une petite Vierge dehors ! Vos amies célestes vous bombardent d'influx contradictoires. Elles vous mettent les nerfs en pelote, sèment nervosité et mauvaise humeur. Vous serez dans la provocation et/ou la controverse.

Votre ciel relationnel

Une année en deux temps, trois mouvements !

Climat plutôt serein dans la première partie et plutôt mouvementé dans la seconde. Vous avez une très bonne forme émotionnelle au début pour ensuite faire une chute en piqué avant de retrouver une certaine sérénité en fin d'année.

Ce sont les célibataires qui traversent le mieux cette zone. Ils ne sont pas comme « Sœur Anne » qui regarde du haut de sa tour ! Pas leur genre ! Ils se permettent quelques audaces, flirtent, marivaudent, butinent, mais toujours avec mesure et modération. Les célibataires de plus de 50 ans surtout, retrouvent une âme d'adolescent. Une Vierge, même avec un grain de folie, a toujours Dame Prudence à portée de pensée.

Des zones de turbulences émaillent cette année pour les couples du premier décan. Les natifs du début des années 1970 se posent beaucoup de questions. Les natifs de la fin des années 1950 aussi, mais pas dans le même sens. Les premiers pensent à dénouer, les autre à renouer.

Horoscope

Votre ciel professionnel et financier

Vos talents d'organisateur vont trouver à s'exprimer de façon royale et aussi accaparer toute votre énergie.

Vous aimez les plannings bien tenus et vous n'aimez pas improviser. Or cette période se montre riche en rebondissements. Des imprévus, des changements en tout genre vont vous obliger à revoir votre agenda en permanence. « Oh, que je n'aime pas ça », « oh que je vais stresser ». Je vous entends penser : « je ne vais jamais m'en sortir ! ». Bien sûr que si, ces bousculades vous permettent de découvrir un réel talent d'adaptation et aussi un sens de l'opportunité.

Tous ces « remue-ménages » et « remue-méninges » sont propices à votre évolution professionnelle. Des situations confuses s'éclaircissent d'un coup de baguette magique de la petite Vierge qui devient du coup une « interface » nécessaire à la bonne organisation.

Si vous êtes à la recherche d'un emploi, des obstacles se dressent sur votre route. Pensez à faire un petit crochet par une formation ! « Si tu ne peux franchir la montagne, contourne-la », dit la sagesse chinoise.

Votre ciel bonne forme

Globalement elle est bonne, avec parfois un peu de mal au démarrage. C'est souvent le stress de ne pas y arriver, ou de mal faire, qui vous donne des courbatures.

Pour vous aider à assouplir votre corps, voici quelques petites suggestions pour vous faciliter le démarrage.

Le yoga, le Tai-chi-chuan, le Qi Gong sont des méthodes orientales qui ont la particularité d'apaiser intérieurement, d'aider à se « relâcher », à se détendre, tout en faisant circuler les énergies et en les répartissant harmonieusement. Ces méthodes sont dites « douces », sans exercices violents ou musclés. Tout passe par la respiration et les mouvements lents. Cela devrait vous plaire.

Les bénéfices que vous pouvez en tirer sont considérables. Vous apprendrez comment vous détendre et pourrez le refaire selon vos besoins et nécessités. Une meilleure distribution des énergies « gomme » certains bobos et permet d'en éviter d'autres. Cela vous aidera aussi à mieux négocier les périodes plus délicates.

Horoscope

BALANCE

(23 septembre – 22 octobre)

Votre ciel de 2018

Vous pouvez vous reposer sur vos lauriers, natifs des 1er et 2e décans, ou vous mettre en « roue libre » jusqu'à la rentrée, si vous le préférez. Ensuite vous subirez un creux de vague, où vous aurez le sentiment de « pédaler dans la choucroute », avant de reprendre la barre d'une main ferme.

Les natifs du 3e décan, toujours sous des influx à géométrie variable, doivent garder la vigilance et la souplesse du slalomeur.

Votre ciel relationnel

Évoquons tout de suite les choses les plus sombres : septembre et octobre s'inscrivent en creux dans votre ciel amoureux. Votre légendaire amie, la déesse qui préside à vos amours, fait des cabrioles et du coup met vos émois tout en émoi !

Elle aura même l'audace de titiller les natifs du 3e décan avec plus d'insolence, en les mettant sur des charbons ardents. Vous passerez par les 50 nuances de rouge ! Rouge passionné de l'amour, rouge éclatant de la colère, rouge ardent de la révolte. Pas de demi-mesure, elle est *cash*. Traduction : vos amours seront sur des montagnes russes, à faire des grands-huit. Il faudra bien accrocher votre petit cœur, si vous ne souhaitez pas qu'il se retourne. Dans cette période, les relations fragilisées ou fissurées peuvent se retrouver au tapis.

En dehors de ces fanfaronnades célestes, on pourrait presque dire R.A.S. ! Vous voguez sur une mer d'huile amoureuse, en savourant les plaisirs de la croisière avec délectation et sensualité.

Horoscope

Votre ciel professionnel et financier

Bercés par les vagues nonchalantes de vos amours tranquilles, vous vous laissez aller à des rêveries… !

Que vous soyez sur votre nuage ou sur le grand-huit, ça peut se comprendre, mais attention ! Cette rêverie peut vous jouer de vilains tours, comme par exemple laisser passer des délais sur le plan administratif, oublier un rendez-vous, ne pas écouter, vous tromper. Ces étourderies provoqueront inévitablement quelques petits et/ou grands soucis. Votre distraction incommode également vos collègues et votre hiérarchie, qui ne manqueront pas de vous le faire savoir avec vigueur. Septembre et octobre se montrent particulièrement délicats. Votre « marraine » a la tête ailleurs. Elle se balade dans les cieux en oubliant que vous êtes sur terre.

Si vous avez un entretien d'embauche, je vous invite à bien le préparer. Faites un petit pense-bête pour ne rien oublier et ne rien laisser au hasard. Faites aussi un « training », pour contrer cet état d'étourderie et vous donner toutes vos chances.

Votre ciel bonne forme

Don't disturb, domaine réservé à la rêverie ! Dans ces plages de vie, vous pouvez vous laisser bercer, aller flâner sur vos sentiers intérieurs, vous promener la tête dans les étoiles et compter fleurette à l'ami Pierrot. Votre difficulté sera de faire la part des choses entre travail et loisirs.

Pour être au taquet et présent en conscience dans le travail, déconnectez et déraisonnez quand vous n'êtes pas au travail. Comment ? Dans une volupté que vous affectionnez particulièrement : le massage ! C'est une activité avec des bénéfices à tous niveaux.

Selon vos objectifs, vous pourrez le faire avec une note plus accentuée d'Ylang-Ylang pour la sensualité ; de lavande, géranium, bergamote, néroli, valériane pour la détente ; de gingembre, poivre noir, citrus, cyprès pour le tonus ; de genévrier, muscadier, gaulthérie, épinette noire, bois de rose pour s'ancrer ; de fleur d'oranger, de rose de Damas pour la rêverie ou l'état de conscience modifiée.

Horoscope

SCORPION

(23 octobre – 21 novembre)

Votre ciel de 2018

L'année commence sur les chapeaux de roue ! Deux comparses célestes survitaminés vous bombardent de leurs influx pour un résultat qui est efficace pour vous, mais épuise votre entourage.

Alors attention, ne confondez pas vitesse et précipitation ! C'est une période où vous devez faire le plein d'énergie, de force, de dynamisme, pour parcourir tout le reste de l'année. Aussi, gardez-en sous le pied !

Votre ciel relationnel

Une amie qui vous veut beaucoup de bien passe dans votre ciel amoureux de la mi-février à la mi-mars. Elle agira comme un baume cicatrisant pour certains d'entre vous, comme un baume apaisant pour d'autres ou encore comme un baume aux senteurs de volupté. Cet aspect du ciel concerne les natifs des années 1980.

Célibataires, vous aimerez musarder dans des jardins secrets, en cueillant par ici un baiser, par là un rancard. Si les natifs des années 1990 prennent ces jeux avec légèreté et désinvolture, ceux des années 1980 aimeront s'engager dans une relation durable et constructive.

Là où le bât blesse, c'est dans votre ciel relationnel familial et/ou amical. Il y aura des interférences fâcheuses avec certaines personnes proches. Des avis divergents auront bien du mal à se mettre en concordance, chacun se cabrant sur ses ergots d'amour-propre. C'est le moment de mettre en pratique l'adage « il faut tourner sa langue sept fois dans la bouche, avant de parler » ou encore « si la parole est d'argent, le silence est d'or » !

Horoscope

Votre ciel professionnel et financier

Vous vous investissez à fond dans votre travail. Vous avez de bons soutiens dans le ciel jusqu'en novembre. Ils vous poussent dans le dos et/ou vous tirent par le haut, si vous voulez vous mettre en position d'avancement. Vous avez des objectifs et entendez bien les réaliser, même si cela doit égratigner quelques susceptibilités au passage. N'en faites pas trop quand même, cela vous évitera quelques désagréments.

Votre conviction ouvre des portes, renverse des réticences, bouscule des habitudes. Vous avez le vent en poupe. Vous faites tout ce qui est en votre pouvoir pour mettre vos talents en évidence, sans ménager vos collaborateurs. Si ça passe, c'est le succès assuré, si ça casse, attention à l'effet boomerang !

Votre conviction, votre savoir-faire, votre volonté, votre investissement généreux dans le travail séduiront un patron ou un recruteur, si vous êtes à la recherche d'un travail. Il semble que vous pouvez compter sur une personne de votre entourage pour vous guider. Dans votre ciel aussi, il y a de bons augures pour vous conduire au succès.

Votre ciel bonne forme

Globalement vous êtes habité par une bonne énergie. Votre « moteur tourne rond ». Vous êtes actuellement une « bête de travail ». Pensez à vous donner du temps pour récupérer, c'est ce qui vous manque le plus.

Autant que faire se peut, respectez votre rythme de sommeil. Soyez surtout vigilant aux changements d'heure été/hiver, car il y a des risques de perturbations.

Bien récupérer est un facteur de bonne vitalité. Si vous avez des petits « coups de pompe » dans la journée, voici un petit truc pour réactiver la circulation des énergies. Cela peut se faire n'importe où, que ce soit au travail, dans le métro, à la terrasse d'un café. C'est discret, efficace et ça ne prend qu'une minute ou deux.

Du bout de l'index et du médius, massez-vous le « plexus solaire » par petits gestes circulaires et sans appuyer. C'est le point situé à la pointe du sternum (l'os sur lequel s'accroche les côtes) et juste au-dessus de l'estomac. Faites quelques mouvements circulaires dans le sens des aiguilles d'une montre. Si vous avez l'occasion de le faire avec une huile de massage, ajoutez une goutte d'huile essentielle de citron et/ou de poivre noir et/ou de gingembre (effet tonifiant) dans une cuillerée à café d'huile végétale. Ce geste et ces huiles essentielles renforcent aussi vos défenses immunitaires.

Horoscope

SAGITTAIRE

(22 novembre – 21 décembre)

Votre ciel de 2018

Vos amies célestes sont très généreuses à votre égard. Pour vous mettre dans de bonnes conditions, elles vous donnent tous les atouts utiles, qui agiront principalement dans votre vie matérielle, professionnelle et financière.

Vous êtes sur le pont, mon Capitaine ! Rien ne vient entraver votre détermination, vous faites l'admiration de tous. « L'union fait la force » vous dit le ciel. C'est ce que vous faites, en vous entourant de complices.

Votre ciel relationnel

Le confort d'un *sweet home,* voilà ce qui fait votre bonheur. Complicité et tendresse y règnent. C'est un lieu de ressourcement, de repos et de quiétude. Vous aimerez vous y retrouver, entourés de votre petit monde. Vous aurez aussi à cœur d'en faire un nid douillet.

Célibataires, le printemps vous met la fleur au fusil, sur le sentier d'une guerre en dentelle, toute en tendresse. Il y a de la rencontre dans l'air ! Rares seront ceux d'entre vous, qui resteront à faire tapisserie sur le banc des oubliés. Cœurs solitaires, natifs des années 1975, vous pouvez faire des plans d'avenir, car construction ou reconstruction s'inscrit dans votre programme. Les autres vivent leurs amours sur le ton de la légèreté et prennent le temps comme il vient, avec joie et plaisir.

Natifs des années 1975 en couple, vous vivrez des accords/désaccords, des controverses sous votre ciel de lit, surtout en février–mars. Une façon de mettre du piment dans votre vie ? Possible, mais attention à votre repartie qui peut être acide. En dehors de cette période, vos violons sont accordés et vous jouez, ou rejouez, la mélodie du bonheur !

Horoscope

Votre ciel professionnel et financier

Vous avez fort à faire dans ce domaine. Vous avez les pieds sur terre et œuvrez avec pragmatisme. Le ciel vous y aide et vous donne aussi les moyens d'éviter les bâtons dans les roues.

Vous retroussez vos manches. Votre charge de travail est importante et vous ne vous laissez pas facilement distraire, malgré quelques intrus qui tenteront de vous entraîner dans de folles escapades. Ce qui frappe, c'est votre détermination, votre pugnacité. Vous avancez inexorablement et sans faillir. Vous avez un objectif, parvenir à vous hisser, à sortir votre épingle du jeu, quitte à « piquer » quelques susceptibilités.

Côté finances, le Monopoly céleste repositionne ses pions. Selon la case dans laquelle vous vous trouvez, vous allez pouvoir faire de bonnes affaires, des affaires courantes, pas d'affaires du tout ou passer par la case « pertes et profits ». Mais comme au Monopoly, d'un coup de dé, la fortune peut changer de main.

Votre ciel bonne forme

Vous avez la pêche, mais elle n'est pas d'enfer !

Pour entretenir cette pêche et la dynamiser, votre baguette magique est la respiration.

Programmez une promenade ou un jogging dans la nature ou dans un parc. L'aube ou le crépuscule sont vos meilleurs moments de la journée pour le faire. Modulez votre course en alternant des moments rapides avec des moments lents. Respirez au rythme de vos pas, par exemple en faisant une inspiration sur cinq pas, une expiration sur cinq pas.

Ponctuez votre course par des « arrêts exercices ». Exercices d'étirements : en inspirant, vous étendez vos bras levés vers le ciel, en vous étirant comme si vous vouliez le toucher, en expirant vous relâchez et laissez retomber le tronc, les bras pendants comme si vous vouliez toucher le sol. Répétez plusieurs fois. Exercices respiratoires : les mains à la taille, penché en avant, vous videz vos poumons en haletant et en soufflant l'air au dehors. Relevez-vous en inspirant par le nez et en ouvrant votre cage thoracique. Répétez plusieurs fois.

CAPRICORNE

(22 décembre – 20 janvier)

Votre ciel de 2018

Si vous souhaitez un peu de tranquillité, c'est dans un bunker ou au fond d'une grotte que vous devriez vous réfugier. Votre ciel est un cocktail d'énergies, d'influences parfois alliées, parfois adversaires.

Vous allez devoir slalomer entre les différentes tendances, sans vaciller ni déraper. Vous pourrez ainsi mettre à profit vos multiples talents et en découvrir de nouveaux.

Votre ciel relationnel

Tous les natifs ne sont pas égaux devant le ciel de cette année. Selon votre configuration, vous serez sur le haut de la vague ou à patauger dans le petit bassin ou encore sur le banc des spectateurs.

La petite coquine céleste arrive chez vous fin janvier pour quelques semaines. Elle ouvrira les portes de vote cœur, si vous avez la vingtaine. Mais n'ayez crainte, si vous loupez sa visite, vous aurez une session de rattrapage en avril.

Pour les natifs des années 50-60, cette même visite vous ouvrent des zones d'émotions encore inconnues. Si vous avez les idées à l'envers, vos envies seront à l'endroit !

Pour les autres natifs, ce sera « tous à vos abris », pour tenter d'y couler des jours paisibles et/ou heureux. Enfin, vous tenterez de le faire, car vos amies célestes ne vous laisseront pas vraiment tranquilles. Elles prennent un malin plaisir à vous mettre sur le grill des émotions.

Côté amical, votre réseau s'enrichit de quelques nouvelles têtes avec qui vous aimerez refaire le monde.

Horoscope

Votre ciel professionnel et financier

Votre « grand patron céleste » arrive chez vous en ce début d'année et s'il vient renforcer la détermination de certains, à d'autres il mettra des bâtons dans les roues ou tentera de le faire.

Si c'est le cas, ce ne sera pas pour vous embêter ou vous mettre échec et mat, mais bien pour vous obliger à remettre vos projets sur le métier, les reformater, en corriger les faiblesses et leur donner toutes les chances de se réaliser le moment venu.

Entre fin avril et début septembre, évitez les transactions financières, les engagements sur le long terme, surtout si votre vie sentimentale vous met la tête à l'envers. S'ils sont risqués, ils peuvent aussi s'avérer lourds à porter. Votre sagesse et votre pondération seront vos meilleurs atouts.

Votre ciel bonne forme

Votre locataire n'étant pas dans une forme olympique, votre tonus est aussi en sourdine. Vous en avez cependant assez, pour faire face à vos affaires courantes, mais vos réserves sont au niveau du curseur inférieur.

Cette année est une bonne période pour gérer ce que vous avez capitalisé, en terme de calories s'entend. Votre ami céleste est en « pause » jusqu'en septembre. Vous pouvez tout à fait entreprendre un programme diététique, mais sans privations car il n'aime pas ça. Je vous conseille de choisir un programme qui ne vous frustre pas et donne du plaisir à vos papilles.

Parallèlement, soignez votre bien-être, par des massages aux huiles essentielles ou un hammam par exemple. Et pourquoi pas une séance de « fish-pédicure » ? C'est original, exotique et ça vous donnera des ailes aux pieds.

Privilégiez aussi la gymnastique douce ou les exercices basés sur la respiration et la circulation des énergies comme le tai-chi. Pédalez aussi sur votre vélo, ça vous évitera de pédaler dans la choucroute. Adoptez un rythme régulier et veillez à un bon sommeil. Une tisane de tilleul, sucrée au miel, vous aidera à bien dormir.

Horoscope

VERSEAU (21 janvier – 18 février)

Votre ciel de 2018

Vous bénéficiez d'influences astrales qui vous mettent d'humeur joyeuse, badine et entreprenante, avec cependant une touche d'impatience, de nervosité qui sera à son maximum autour de fin juin.

Un visiteur céleste vous donne une audace certaine, une envie de foncer, mais attention à ne pas le faire tête baissée. Méfiance, votre vivacité à la « Speedy Gonzales » laissera les autres sur place, ce qui peut provoquer des malentendus et alimenter votre nervosité.

Votre ciel relationnel

Amour–amitié, amitié–amour, amitié amoureuse ou amour en amitié, votre cœur et votre raison se mélangent les pinceaux ! Vous sautez de l'un à l'autre avec aisance, ce qui déstabilise l'autre si elle (ou il) n'a pas le mode d'emploi. Vous semez les quiproquos à tous vents !

Célibataire, cet état vous convient bien cette année. C'est un air d'indépendance, qui touche plus particulièrement les natifs du 3e décan. Vous avez des ami(e)s et des amours, ce qui fait votre bonheur. On peut dire que votre vie relationnelle est très bien meublée, sans pour autant vous engager dans le labyrinthe des émotions.

En couple, vous avez besoin d'air et d'espace ! En revanche, vous avez du mal à le dire, ce qui provoque des tensions, génère des peurs, des gaucheries, bref ces petites pollutions qui, si on n'y prend pas garde, peuvent devenir ennuyeuses. Si les petits ruisseaux font les grandes rivières, chez vous, les petites gaucheries peuvent faire les grandes chicanes.

Horoscope

Votre ciel professionnel et financier

Sous certains aspects, vous serez animé par un esprit d'indépendance et d'entreprise, et par d'autres, vous serez confronté aux petits soucis de l'organisation.

Côté indépendance et entreprise, vous faites des plans, mais surtout veillez à ce qu'ils ne soient pas sur la comète. Parfois vous avez tendance à vous écarter de la réalité pragmatique. En revanche, vos idées sont souvent pertinentes. Le plus sage serait de vous entourer de personnes mieux organisées pour les réaliser, mais vous aurez du mal à travailler en tandem. Votre combativité va se heurter à leur passivité et/ou leur nonchalance, surtout entre juin et septembre.

Côté petits soucis du quotidien, vous n'aimez pas ça du tout. Ça vous agace et vous irrite. Ils ne manqueront pas d'engendrer quelques désagréments, plus ou moins conséquents, avec votre entourage professionnel.

Les natifs du 2e décan des années 1980 bénéficient d'une collaboration céleste, qui les tire vers le haut, leur ouvre des possibles ou encore les pousse sur le chemin du travail.

Votre ciel bonne forme

Comme il est difficile de vous conseiller des rythmes réguliers, veillez au moins à vous ménager des zones de repos, même si celles-ci sont de courte durée.

Au bureau par exemple, lorsqu'un coup de pompe s'annonce, prenez en toute discrétion quelques minutes de « sieste ». Coudes posés sur la table, prenez-vous la tête entre les mains, faites quelques respirations profondes pour faire baisser la tension intérieure. Massez un point qui se trouve à la racine des cheveux au milieu du front. Vous pouvez le localiser en sentant un petit creux. Ensuite, massez un point situé à quelques centimètres sous l'oeil (de chaque côté) et au milieu de l'os de la pommette (l'endroit le plus sensible). Massez ces deux points avec une légère pression avec l'index et le majeur. Vous pouvez vous préparer une petite potion « anti-fatigue » : 1 goutte d'huiles essentielles (pamplemousse, poivre noir, basilic, yuzu, rose de Damas, menthe poivrée, sapin baumier) dans une cuillère à café d'huile végétale. Préparez-vous un petit flacon que vous garderez dans votre sac, pour parer à toute éventualité.

Horoscope

POISSONS

(19 février – 20 mars)

Votre ciel de 2018

Votre meilleur ami céleste vogue dans votre signe. Les natifs du 2e décan sont les plus touchés par sa présence. Pour les natifs des autres décans, ses influx s'estompent à mesure qu'on s'en écarte.

De fin juin à décembre, vous devrez faire face à des vents contraires ou à pas de vent du tout, ce qui est difficile pour avancer ! Ce sera à l'intérieur que vous devrez puiser l'énergie nécessaire pour tenir la barre de votre embarcation et ne pas faire « voguer la galère » !!!

Votre ciel relationnel

Tout est dans votre ciel pour que votre cœur chavire, ou que ce soit le charivari ! Il n'y a que les petits Poissons amoureux du 3e décan qui sont à l'abri. Ils auront le plaisir de se la couler douce sur les plages de sable fin.

Célibataires, vous « transpirez » la séduction ! Ainsi armé vous naviguez quelles que soient les eaux : troubles de désir, claires des lendemains qui chantent, claires-obscures des alcôves clandestines. Votre bicoque s'appelle la chamade !

Si vous êtes en couple, la navigation est plus sportive ! Les natifs des années 1970 sont en pleine tourmente, ça tangue, ça cabriole, mais ça ne coule pas. Votre séduction est votre carte maîtresse. Les natifs des années 1980 réfléchissent encore, avant de prendre la mer pour la croisière de la vie. Les natifs des années 1960 partent à la conquête de nouvelles sensations en terres inconnues.

Horoscope

Votre ciel professionnel et financier

Vous êtes pris dans les tourbillons de vents contraires comme un poisson pris dans un filet. Image peu encourageante, mais révélatrice du climat qui règne en cette période. Inutile de vous agiter comme un gardon au bout de la ligne, vous ne pourriez que vous blesser. Laissez passer ce temps, laissez-vous flotter au fil de l'eau. Vous ne risquez pas d'aller à la dérive. Au contraire, les courants vont vous porter vers des rivages de sable fin. Ceci vous concerne plus particulièrement, natifs du 2e décan.

Les natifs du 1er décan peuvent espérer une certaine stabilité. Un pygmalion vous ouvre des portes et/ou vous guide avec efficacité. Si vous cherchez un travail ou si souhaitez un changement, la période vous est favorable.

Les natifs du 3e décan font face à une houle qui les oblige à s'adapter aux circonstances ou à envisager de changer de feuille de route. Côté finances, une grande prudence s'impose. Mettez des oursins dans vos poches, pour ne pas risquer une fuite de votre capital.

Votre ciel bonne forme

Malgré les apparences de votre ciel, vous êtes en bonne forme, avec un bon tonus. En revanche, vous ne bougez pas beaucoup ! Il faut dire que l'exercice physique n'est pas votre tasse de thé.

En parlant de thé, ou plutôt de tisane, pensez à une petite cure dépurative de printemps. Mélangez à parts égales de la Reine des prés, du fucus vésiculosus, de l'écorce de bouleau, de la vigne rouge, de la piloselle. Portez à ébullition, laissez infuser quelques minutes et buvez-en une tasse avant ou après les repas.

Si vous avez besoin de vous ressourcer, nager vous fera le plus grand bien. L'eau, votre élément naturel, est source de revitalisation et/ou d'apaisement. Fatigué et épuisé, barboter, se laisser porter et flotter dans l'eau paisible d'un bassin contribue à évacuer stress et trop-plein de toxines. En pleine forme, nagez dans les courants naturels ou dans un bassin reproduisant les courants, vos énergies circuleront avec plus d'harmonie.

SOLUTIONS DES JEUX

Solutions des sudokus

Sudoku p. 14

7	1	8	9	6	4	3	2	5
9	6	3	8	5	2	4	7	1
5	4	2	3	1	7	6	8	9
1	9	6	7	8	5	2	4	3
4	3	7	6	2	9	5	1	8
8	2	5	1	4	3	7	9	6
2	5	9	4	3	1	8	6	7
6	7	4	5	9	8	1	3	2
3	8	1	2	7	6	9	5	4

Sudoku p. 41

5	9	2	7	1	3	4	6	8
1	8	3	4	6	9	5	2	7
6	4	7	2	8	5	1	3	9
9	1	8	3	4	6	2	7	5
2	6	4	8	5	7	3	9	1
7	3	5	1	9	2	6	8	4
4	7	1	6	2	8	9	5	3
8	5	6	9	3	1	7	4	2
3	2	9	5	7	4	8	1	6

Sudoku p. 62

7	9	5	6	3	4	8	1	2
6	1	8	7	5	2	3	4	9
4	3	2	9	1	8	7	5	6
5	2	4	1	8	6	9	3	7
3	8	9	4	2	7	5	6	1
1	6	7	3	9	5	4	2	8
8	4	1	5	6	9	2	7	3
2	7	6	8	4	3	1	9	5
9	5	3	2	7	1	6	8	4

Sudoku p. 85

2	1	5	9	6	7	8	3	4
3	7	9	4	8	5	2	6	1
8	6	4	2	1	3	7	5	9
5	8	7	1	2	4	3	9	6
1	3	6	8	5	9	4	2	7
9	4	2	7	3	6	5	1	8
7	9	3	6	4	2	1	8	5
4	5	8	3	9	1	6	7	2
6	2	1	5	7	8	9	4	3

Sudoku p. 110

4	6	3	5	2	9	1	7	8
8	2	5	1	3	7	4	9	6
9	1	7	6	8	4	2	3	5
7	5	1	2	4	8	3	6	9
3	8	9	7	6	1	5	2	4
2	4	6	3	9	5	8	1	7
1	9	8	4	7	2	6	5	3
6	7	2	8	5	3	9	4	1
5	3	4	9	1	6	7	8	2

Solutions des sudokus

Sudoku p. 129

2	9	5	4	3	8	6	7	1
6	1	4	5	7	2	3	9	8
3	8	7	1	9	6	4	5	2
4	6	1	2	8	7	9	3	5
7	3	2	6	5	9	1	8	4
8	5	9	3	4	1	2	6	7
1	7	8	9	6	4	5	2	3
9	2	3	8	1	5	7	4	6
5	4	6	7	2	3	8	1	9

Sudoku p. 148

6	9	5	3	2	4	7	8	1
7	8	2	1	5	9	3	6	4
3	4	1	6	7	8	2	5	9
1	2	6	7	9	3	8	4	5
5	7	8	4	6	1	9	3	2
9	3	4	2	8	5	1	7	6
2	1	7	8	4	6	5	9	3
8	6	9	5	3	2	4	1	7
4	5	3	9	1	7	6	2	8

Sudoku p. 162

1	4	2	7	6	8	9	5	3
9	8	3	4	1	5	7	6	2
6	5	7	2	3	9	4	8	1
4	6	8	3	5	7	1	2	9
3	9	5	1	4	2	8	7	6
2	7	1	9	8	6	5	3	4
5	2	4	8	9	3	6	1	7
7	1	6	5	2	4	3	9	8
8	3	9	6	7	1	2	4	5

Sudoku p. 184

6	8	5	2	7	3	4	9	1
9	2	1	4	5	6	7	3	8
7	4	3	1	9	8	6	5	2
3	1	8	6	4	9	2	7	5
4	9	2	5	1	7	3	8	6
5	6	7	8	3	2	9	1	4
8	7	4	9	6	1	5	2	3
2	5	9	3	8	4	1	6	7
1	3	6	7	2	5	8	4	9

Sudoku p. 203

7	3	2	9	5	6	8	4	1
6	8	4	1	2	7	5	3	9
1	5	9	4	8	3	2	7	6
4	1	5	8	3	9	7	6	2
8	9	6	2	7	4	1	5	3
2	7	3	5	6	1	4	9	8
5	6	8	3	4	2	9	1	7
9	2	7	6	1	5	3	8	4
3	4	1	7	9	8	6	2	5

Solutions des sudokus

Sudoku p. 222

5	1	3	6	2	4	7	9	8
2	7	6	9	8	1	4	3	5
8	4	9	7	3	5	1	6	2
4	9	7	3	5	2	6	8	1
6	2	1	4	7	8	3	5	9
3	5	8	1	6	9	2	7	4
7	8	4	5	1	3	9	2	6
1	6	2	8	9	7	5	4	3
9	3	5	2	4	6	8	1	7

Sudoku p. 241

2	6	4	8	3	1	7	9	5
5	9	7	2	6	4	1	3	8
8	1	3	7	5	9	6	4	2
6	5	9	3	8	7	2	1	4
1	3	2	9	4	6	8	5	7
4	7	8	1	2	5	9	6	3
9	4	6	5	7	8	3	2	1
3	8	1	4	9	2	5	7	6
7	2	5	6	1	3	4	8	9

Sudoku p. 259

3	6	9	2	5	1	4	7	8
1	7	8	3	9	4	6	2	5
2	4	5	8	6	7	1	3	9
4	2	7	1	8	3	9	5	6
8	9	6	4	2	5	3	1	7
5	3	1	6	7	9	8	4	2
9	1	2	7	3	8	5	6	4
7	5	3	9	4	6	2	8	1
6	8	4	5	1	2	7	9	3

Sudoku p. 278

7	5	3	6	8	2	4	9	1
2	9	8	1	4	7	3	5	6
6	4	1	5	9	3	7	2	8
9	2	6	3	5	1	8	7	4
3	1	7	8	2	4	9	6	5
5	8	4	9	7	6	2	1	3
1	7	9	4	3	5	6	8	2
4	6	2	7	1	8	5	3	9
8	3	5	2	6	9	1	4	7

Sudoku p. 296

3	4	1	7	6	8	2	9	5
6	5	2	3	9	1	4	8	7
7	9	8	2	5	4	3	1	6
1	3	7	9	8	2	5	6	4
4	8	5	6	3	7	9	2	1
9	2	6	1	4	5	8	7	3
8	7	9	5	1	3	6	4	2
2	6	3	4	7	9	1	5	8
5	1	4	8	2	6	7	3	9

Solutions des sudokus

Sudoku p. 313

4	6	9	5	7	2	3	1	8
2	7	8	1	3	6	5	9	4
5	1	3	9	8	4	2	6	7
9	3	7	8	4	5	1	2	6
6	4	1	2	9	3	7	8	5
8	5	2	6	1	7	4	3	9
1	2	5	7	6	9	8	4	3
7	9	4	3	2	8	6	5	1
3	8	6	4	5	1	9	7	2

Sudoku p. 328

9	2	5	8	6	1	3	7	4
3	8	7	4	9	2	1	5	6
4	1	6	7	5	3	2	8	9
7	9	4	6	1	5	8	2	3
1	5	3	2	8	4	9	6	7
2	6	8	3	7	9	5	4	1
8	4	9	5	3	7	6	1	2
6	7	1	9	2	8	4	3	5
5	3	2	1	4	6	7	9	8

Solutions des mots croisés

Mots croisés p. 22

	I	II	III	IV	V	VI	VII	VIII	IX	X	XI	XII	XIII
1	B	A	R	B	E	C	U	E	■	T	A	X	E
2	R	I	E	U	S	E	■	S	T	O	P	■	P
3	O	N	G	■	S	P	A	■	R	U	■	P	I
4	C	E	N	S	E	■	C	H	A	R	B	O	N
5	H	■	E	T	■	J	E	A	N	■	R	U	E
6	E	R	R	A	T	A	■	I	S	B	A	S	■
7	T	E	■	R	E	V	E	■	M	O	I	S	I
8	T	E	R	■	S	A	U	C	I	S	S	E	S
9	E	R	O	O	T	■	H	I	S	S	E	E	S

Mots croisés p. 50

	I	II	III	IV	V	VI	VII	VIII	IX	X	XI	XII
1	V	A	H	I	N	E	■	S	H	O	R	T
2	E	M	E	R	A	U	D	E	■	T	A	I
3	R	I	■	O	N	■	E	C	L	A	I	R
4	M	E	D	I	T	E	R	R	A	N	E	E
5	E	■	I	S	I	S	■	E	S	T	■	T
6	I	V	R	E	■	T	A	T	A	■	C	S
7	L	I	E		D	E	R	E	G	L	E	■
8	L	E	C	T	U	R	E	■	N	A	C	R
9	E	S	T	E	S	■	S	P	E	C	I	A

Mots croisés p. 68

	I	II	III	IV	V	VI	VII	VIII	IX	X	XI	XII	XIII
1	F	A	R	N	I	E	N	T	E	■	D	C	A
2	A	V	E	U	■	M	E	R	C	R	E	D	I
3	T	■	P	E	P	I	E	■	L	A	T	I	N
4	A	L	O	S	E	S	■	A	U	B	E	■	E
5	L	E	S	■	C	E	A	N	S	■	N	O	S
6	I	V	■	T	A	■	S	I	E	S	T	E	■
7	S	E	R	E	N	I	T	E	■	N	E	U	F
8	M	E	A	T	■	V	E	R	S	O	■	F	I
9	E	S	P	E	R	E	R	■	A	B	U	S	E

Mots croisés p. 96

	I	II	III	IV	V	VI	VII	VIII	IX	X	XI	XII
1	L	E	C	T	U	R	E	■	R	E	V	U
2	U	N	E	■	S	U	S	C	I	T	E	■
3	B	A	R	B	U	S	■	O	T	A	R	I
4	R	■	F	U	R	■	F	R	E	T	■	M
5	I	L	S	■	P	R	E	T	■	S	A	M
6	F	I	■	G	E	O	L	E	S	■	L	E
7	I	V	R	E	■	M	A	G	A	Z	I	N
8	E	R	E	■	M	A	N	E	G	E	■	S
9	S	E	R	P	E	N	T	■	A	N	G	E

Mots croisés p. 400

	I	II	III	IV	V	VI	VII	VIII	IX	X	XI	XII	XIII
1	A	N	J	O	U	■	F	L	A	N	D	R	E
2	N	E	A	N	T	S	■	A	V	A	L	E	R
3	G	E	■	Z	O	U	A	V	E	S	■	V	E
4	O	■	R	E	P	E	T	E	■	S	T	E	■
5	U	V	A	■	I	S	O	■	B	E	A	R	N
6	M	A	I	N	E	■	N	I	E	■	O	S	E
7	O	R	E	E	■	C	A	D	R	A	N	■	U
8	I	I	■	P	A	R	L	E	R	S	■	C	F
9	S	E	M	E	U	S	E	■	Y	A	R	D	S

Solutions des mots mêlés

Mots-mêlés Corps humain

.	F	E	S	S	E	S	.	.	.	.	.	.	.	.	.	.	.
S	.	E	.	E	.	.	.	.	.	.	S	.	.	B	.	.	.
.	E	.	M	.	C	.	.	.	B	.	E	.	.	O	.	.	.
.	.	D	A	U	.	U	.	.	I	.	H	.	.	U	.	.	.
.	.	.	I	B	R	.	O	.	C	.	C	.	.	C	.	.	.
.	.	.	.	O	D	.	.	P	E	.	N	.	.	H	.	.	S
.	R	.	.	.	Z	O	.	.	P	.	O	.	.	E	.	E	.
.	U	B	.	.	U	O	M	.	S	.	R	S	N	.	B	.	.
.	E	E	A	.	.	A	T	I	.	.	B	E	D	M	.	.	.
.	O	N	.	R	.	.	E	A	N	.	Z	.	A	E	A	.	.
.	C	T	.	.	B	.	.	V	M	A	.	J	.	.	I	.	.
S	.	R	.	.	F	E	.	.	R	R	U	.	.	.	S	P	.
N	.	A	.	.	R	.	.	.	.	E	E	X	.	.	S	.	.
I	.	I	.	.	O	.	.	.	.	.	C	P	.	.	E	.	.
F	.	L	C	A	N	I	N	E	S	.	.	.	S	.	L	.	.
R	.	L	.	.	T	.	.	.	L	I	E	O	.	.	L	.	.
.	.	E	.	.	.	.	.	.	.	.	.	.	.	.	E	.	.
.	.	S	.	.	.	.	.	.	.	.	.	.	.	.	S	.	.

Mots-mêlés Couleurs

.	F	U	C	H	S	I	A	.	.	.	.	.	.	.	.	.	.
.	.	.	.	.	N	O	I	R	.	.	A	C	A	J	O	U	.
.	.	.	.	.	.	.	.	.	.	T	A	L	O	C	O	H	C
.	.	.	.	.	.	.	.	L	.	.	.	.	.	N	.	.	.
.	.	.	.	.	.	.	.	.	I	.	.	.	.	A	.	.	.
.	.	.	.	.	.	.	.	.	.	A	E	.	.	L	.	.	.
.	.	.	.	.	.	D	.	.	.	M	R	.	.	B	.	.	.
.	.	E	R	B	M	A	O	.	E	.	.	O	.	.	.	.	.
.	.	G	.	.	.	.	.	R	.	.	.	.	C	.	.	.	.
V	.	I	.	.	.	.	A	.	E	.	.	.	.	.	C	.	.
E	.	E	.	.	.	U	B	O	R	D	E	A	U	X	A	.	.
R	.	B	.	.	D	.	.	.	.	.	B	.	.	.	C	.	.
T	.	.	E	E	G	U	O	R	.	.	.	L	.	.	A	.	.
.	R	.	.	Z	.	.	.	.	J	.	.	.	E	S	O	.	.
.	U	.	.	.	N	.	.	.	A	.	.	.	.	U	I	.	.
.	Z	.	.	.	.	O	.	.	U	.	.	.	.	.	.	R	.
.	A	.	.	.	.	.	R	.	N	.	.	.	.	.	.	.	G
.	V	I	O	L	E	T	.	B	E	.	.	.	.	.	.	.	.

Solutions des mots mêlés

Mots-mêlés Liquides corporels

.	.	.	.	.	.	.	.	.	.	.	.	.	.	.	.	.	.
.	.	.	.	.	B	I	L	E	.	.	.	.	.	.	.	.	.
.	.	.	.	.	.	.	.	.	V	S	.	S	A	L	I	V	E
.	.	.	.	.	M	U	C	U	S	O	E	N	I	R	P	Y	C
.	.	.	.	.	.	.	.	.	.	.	M	R	.	.	.	.	.
.	.	.	.	L	.	.	.	.	.	.	.	I	I	.	.	.	.
.	.	C	H	A	S	S	I	E	S	.	.	S	.	A	.	.	.
.	C	.	.	R	.	.	.	.	.	.	.	U	.	.	L	.	.
.	H	.	.	M	.	.	.	.	.	.	.	C	.	.	.	G	.
.	I	.	.	E	.	.	E	M	R	E	P	S	.	.	.	.	.
.	A	.	.	S	.	.	.	.	.	.	.	T	.	.	.	.	.
.	S	.	.	.	.	.	.	.	.	.	I	.	.	.	.	.	.
.	S	.	.	.	.	.	.	G	N	A	S	.	.	.	.	.	.
.	E	N	I	R	U	.	.	.	L	.	.	.	.	.	S	.	.
.	.	.	.	.	.	.	M	O	R	V	E	.	.	.	U	.	.
.	.	S	N	O	I	T	A	R	O	T	C	E	P	X	E	.	.
.	.	.	.	.	.	.	.	.	.	.	.	.	.	.	U	.	.
.	.	.	.	.	.	.	.	.	.	.	.	.	.	.	R	.	.

Mots-mêlés Monnaies dans le monde

.	.	.	.	.	.	.	.	.	.	.	.	.	.	.	.	.	.
.	Y	E	N	R	I	A	L	.	.	.	.	.	.	.	.	.	.
R	.	.	.	O	R	.	.	.	.	.	.	S	.	.	.	.	.
.	O	.	R	.	O	.	.	.	.	.	.	H	.	.	R	.	.
.	.	U	.	.	U	.	T	A	L	A	.	I	.	A	.	.	.
.	E	.	B	.	P	.	.	I	.	.	.	L	L	.	.	.	.
.	.	.	.	L	I	.	.	N	.	.	.	L	.	.	.	.	.
.	.	.	.	.	E	.	.	V	.	.	O	I	.	.	.	.	.
O	.	.	.	K	.	.	.	Y	D	D	.	N	.	.	.	.	.
.	S	.	.	U	C	N	A	R	F	I	.	G	.	.	.	.	.
.	.	E	.	N	.	.	.	H	D	.	N	.	.	V	.	.	L
.	.	.	P	A	.	.	.	R	.	.	.	A	A	.	.	E	.
.	.	.	.	.	.	.	A	.	.	.	.	T	R	.	U	Z	.
.	.	.	I	.	.	M	.	.	.	.	U	.	.	.	.	L	.
.	.	.	D	.	.	V	.	.	.	.	.	S	U	M	.	O	.
.	.	.	E	.	.	.	E	.	.	.	.	.	.	.	.	T	.
.	.	.	C	.	.	.	.	L	.	.	.	.	.	.	.	Y	.
.	.	.	.	.	.	.	.	.	.	.	.	.	.	.	.	.	.

Solutions des mots mêlés

Mots-mêlés Ô Paris !

.	.	.	P	A	R	I	S	I	E	N	S	.	.	.	.	.	.
.	.	.	A	R	R	O	N	D	I	S	S	E	M	E	N	T	S
.	.	.	.	.	.	.	.	.	.	L	U	M	I	E	R	E	S
.	F	R	A	N	C	E	R	.	.	.	.	.	.	.	.	.	.
.	.	.	.	P	.	U	O	N	.	E	E	R	V	U	O	L	.
.	.	S	.	O	.	Q	D	C	O	N	C	O	R	D	E	.	.
.	E	E	.	N	.	I	I	.	.	I	.	E	.	.	.	.	.
.	R	T	.	T	.	L	N	.	.	.	T	.	T	.	.	.	.
.	U	S	.	S	.	B	.	.	.	.	.	U	.	U	.	.	.
.	T	I	.	.	.	U	.	.	.	.	N	.	L	E	L	.	.
.	L	N	.	A	I	P	M	Y	L	O	.	E	.	L	.	.	.
.	U	I	.	.	.	E	.	.	E	.	.	L	.	A	O	.	.
.	C	U	.	.	.	R	.	H	.	.	.	L	.	T	.	P	E
.	M	Q	.	.	.	.	T	.	.	.	.	I	.	I	.	E	T
.	E	U	.	.	.	N	.	.	.	.	.	T	.	P	.	N	I
.	T	O	.	.	A	.	.	.	.	.	.	S	.	A	.	I	C
.	R	B	.	P	.	.	.	.	.	.	.	A	.	C	.	E	.
.	O	.	.	.	.	.	.	.	.	.	.	B	.	.	.	S	.

Mots-mêlés Poètes connus

.	.	.	.	.	D	.	.	.	N	.	.	.	.	.	.	.	.
.	.	.	.	.	U	.	.	.	A	.	P	R	E	V	E	R	T
.	V	E	R	L	A	I	N	E	L	.	A	R	A	G	O	N	.
N	.	.	N	.	B	.	.	B	L	.	.	C	.	.	.	.	.
O	.	.	.	A	M	.	.	.	A	.	C	O	P	P	E	E	.
L	.	.	.	.	I	.	.	.	.	U	.	C	.	.	.	.	V
L	.	.	.	.	R	V	.	.	.	.	D	T	M	A	R	O	T
I	.	D	E	S	N	O	S	.	.	.	.	E	.	.	L	.	.
V	.	.	U	.	D	.	.	.	.	.	.	A	L	T	.	.	.
.	.	.	.	A		R	.	.	.	.	.	U	A	A	.	.	.
.	.	.	.	.	E		A	.	.	.	.	I	.	.	I	.	U
.	.	.	.	.	.	L	.	U	.	.	R	.	.	B	.	R	A
.	.	.	.	.	.	.	I	.	L	E	.	.	.	O	.	.	E
.	.	.	.	.	.	.	.	O	.	E	.	.	.	C	.	.	N
.	.	H	O	U	E	L	L	E	B	E	C	Q	.	A	.	.	E
.	.	.	.	.	.	.	.	.	S	E	M	M	A	J	.	.	U
.	.	.	.	.	.	V	A	L	E	R	Y	.	.	.	.	.	Q
.	.	.	.	.	.	.	.	.	.	.	.	.	.	.	.	.	.

Solutions des mots mêlés

Mots-mêlés Poissons de mer

.	.	.	.	G	I	R	E	L	L	E	.	.	.	.	.	.	.
.	H	.	R	.	.	S	I	O	H	C	N	A	.	.	.	.	.
.	A	A	.	A	.	.	T	.	.	.	.	.	.	.	.	.	.
.	R	.	D	.	S	T	.	.	.	.	.	.	.	.	T	.	.
.	E	.	.	D	E	C	.	.	E	.	.	.	.	R	.	.	.
.	N	E	.	.	O	.	A	S	.	.	.	.	U	.	.	.	.
.	G	.	N	.	.	C	P	S	.	.	.	I	.	.	.	.	.
.	.	.	.	I	E	A	K	.	S	.	T	.	.	.	.	.	.
A	.	.	.	.	D	.	.	U	A	E	R	E	U	Q	A	M	.
.	N	.	.	O	N	R	.	.	.	.	.	.	.	.	.	R	.
.	.	G	N	.	A		A	.	.	D	.	.	.	.	.	A	.
.	T	.	U	.	M	.	.	S	.	N	O	M	U	A	S	B	.
.	O	.	E	I	I	.	.	.	.	.	E	R	.	.	.	.	.
.	B	.	I	.	L	.	.	.	.	.	U	.	A	.	.	.	.
.	R	.	L	.	.	L	.	.	.	.	R	.	.	D	.	.	.
.	U	.	.	.	.	.	E	.	.	.	O	.	.	.	E	.	.
.	T	.	.	T	H	O	N	.	.	.	M	.	.	.	.	.	.
C	A	P	E	L	A	N	.	.	.	.	.	.	.	.	.	.	.

Mots-mêlés Zen

.	.	.	.	.	.	.	.	A	.	.	M	.	.	.	.	.	.
L	I	E	V	E	.	.	.	.	T	E	.	.	.	.	.	.	.
.	.	.	.	C	O	N	C	E	N	T	R	A	T	I	O	N	.
.	T	.	.	.	B	.	P	T	.	.	E	.	.	.	.	.	.
.	R	.	.	.	O	.	A	.	.	.	.	N	.	.	.	.	.
K	A	R	M	A	N	L	I	.	.	S	Z	.	T	.	.	.	R
.	N	.	.	.	H	.	X	.	.	P	E	.	.	I	.	.	E
A	Q	S	.	.	E	N	.	.	P	I	N	.	.	.	O	.	S
G	U	E	.	.	U	O	.	.	H	R	I	.	.	.	.	N	P
O	I	T	.	.	R	I	.	.	I	I	T	.	.	.	.	.	I
Y	L	S	.	.	.	T	N	.	L	T	U	.	.	.	S	R	R
.	L	I	.	.	.	A	I	.	O	U	D	.	.	.	E	.	A
.	I	H	.	.	.	T	E	.	S	A	E	.	.	F	R	.	T
.	T	D	.	.	C	I	R	.	O	L	.	.	U	.	U	.	I
.	E	D	.	.	A	D	E	.	P	I	.	G	.	.	T	.	O
.	.	U	.	.	L	E	S	.	H	T	E	.	.	.	S	.	N
.	.	O	.	.	M	M	.	.	I	E	.	.	.	.	O	.	.
.	.	B	.	.	E		.	.	E	.	.	.	.	.	P	.	.

Solutions des jeux des 7 erreurs

Solution jeux des 7 erreurs

Allez vite sur
la page FACEBOOK
de WC-BOOK !

Rejoignez la communauté sur votre smartphone et partagez des moments de délires inédits avec d'autres WC Bookers.

Des jeux, des quiz, des blagues, des astuces, des anecdotes, des chiffres, des questions à la con, des peopleries et tant d'autres rubriques à partager avec vos amis sur **Facebook !**

Défiez-les sans tarder, les fous rires sont assurés !

Assis aux toilettes,
restez connecté avec
le monde extérieur !

Marie Dewulf

Ses horoscopes, précis et toujours détaillés, apparaissent depuis de nombreuses années dans la presse écrite ou sur diverses antennes comme Europe 2, Voltage FM, etc.

Astrologue de renom, Marie Dewulf anime également des conférences sur le développement personnel : comment vaincre sa timidité, gérer son stress, guérir ses blessures intérieures, interpréter ses rêves pour mieux se comprendre, etc.

Marie Dewulf
01 73 73 22 61
06 87 48 54 93

Mon bloc-notes perso

Mon bloc-notes perso

Mon bloc-notes perso

Mon bloc-notes perso

Mon bloc-notes perso

Mon bloc-notes perso

Mon bloc-notes perso